全国语文教育教学方向重点研究成果

语文教育教学实践探索

杨小波　著

中国原子能出版社
China Atomic Energy Press

图书在版编目（CIP）数据

语文教育教学实践探索 / 杨小波著 . -- 北京：中
国原子能出版社，2021.11

ISBN 978-7-5221-1684-6

Ⅰ . ①语… Ⅱ . ①杨… Ⅲ . ①语文教学—教学研究

Ⅳ . ① H19

中国版本图书馆 CIP 数据核字（2021）第 232644 号

语文教育教学实践探索

出　　版	中国原子能出版社（北京海淀区阜成路 43 号 100048）	
责任编辑	刘东鹏	
责任印刷	赵明	
印　　刷	菏泽市恒达印务有限公司	
经　　销	全国各地新华书店	
开　　本	787 mm × 1092 mm　　1/16	
印　　张	8.25	
字　　数	200 千字	
版　　次	2021 年 11 月第 1 版　　　2021 年 11 月第 1 次印刷	
书　　号	978-7-5221-1684-6	
定　　价	56.00 元	

出版社网址：http：// www.aep.com.cn

前　言

　　语文是基础学科，它是学好其他学科的前提，也是一个人生活、工作所必需，也正因为此，语文学科的教学比其他学科要复杂些，它既要保持自己的特性，又要尽可能满足各方面的需要。语文教学是在教一篇篇文章，并不是直接在教知识，这又与别的学科的教学差异很大，这个差异使语文教学更为复杂。做好一名语文教师，要付出更多的艰辛。但正因为其复杂性，语文教学充满着魅力，最能激发教师的创造性。不断追求的语文教师青春不老。

　　语文教师的教学经验一部分来自学生时期的语文学习的经历，来自学生生涯中对语文教师的观察与学习；一部分来自"语文教学法"之类的课程学习；一部分来自教学生涯中的不断求索。本书是作为一门课程为语文教师提供帮助，为不断求索的教师生涯增添一个伙伴。

　　本书属于语文教学法课程研究专注。随着语文课程研究的深入研究，名称也变得多种多样，但不论名称怎么改变，宗旨只有一个，那就是在"语文怎么教"这个问题上提出种种方案，为教师提供基本的教学模式、教学策略和教学机智。语文怎么教的研究历来有两个视角：一种是以理论为背景，采用演绎的方式，形成怎么教的做法；另一种是以实践的视角认识教学，理论更多的是用来解释实践。本书采用两种视角，从实践中会遇到的问题出发来分章、分节进行阐述，希望能够更贴近教学实际，更便于教学反思。

编者

目 录

第一章 语文教学理论基础

如何认识语文的属性，持怎样的语文观，这是推进语文教育改革的起点和关键。目前语文教育所面临的严峻环境和尴尬局面，其原因有很多，但最重要的原因还是出在对语文学科属性认识的模糊不清上。长期以来，人们对语文学科属性的认识更多地停留在工具性上，忽视其人文属性，造成了工具性与人文性的严重脱离。更为重要的是语文教育分为小学、中学与职业教育三个阶段，而每个阶段的教学内容和定位应该有所侧重和区别。语文课程是中学语文的继续与深化，但不是中学语文的简单重复，更不是给中学语文补课。在这一点上，语文课程教育定位不明，地位不定。要想突破语文课程教育的困境，推进语文教育改革，必须正确认识语文学科的属性。

第一节 语文知识教学

一、知识的价值和分类

（一）知识的定义

知识是指人类在实践中认识的成果。柏拉图认为：一条陈述能称得上是知识必须满足三个条件，它一定是被验证过的，正确的，而且被人们相信的。从哲学的角度看，"所谓知识，就它反映的内容而言，是客观事物的属性与联系的反映，是客观世界在人脑中的主观映象。就它的反映活动形式而言，有时表现为主体对事物的感性知觉或表象，属于感性知识，有时表现为关于事物的概念或规律，属于理性知识。"（《中国大百科全书·教育》）从认知心理学的角度看，知识是人类理解与学习的结果。人类社会的知识是客观存在的，但个体头脑中的知识并不是客观现实本身，而是个体的一种主观表征，即人脑中的知识结构，它既包括感觉、知觉、表象等，又包括概念、命题、图式，它们分别标志着个体对客观事物反应的不同方式和程度，这是通过个体的认知活动而形成的。

当代学者对知识属性的揭示存在不同意见。一种认为："知识是有关客观的、确凿的、尽可能普遍妥帖的事实的信息。确凿知识以信息为素材，可以借助归纳法、演绎法、假设验证等种种方法形成。'知识'通过语言、文字、符号、图像等手段，在人际传递、交换，作为共同的精神财富积累下来。"这种意见揭示了知识的来源、性质和传播的途径，都认为知识具有客观性，属于"事实的信息"，能够"独立于个体之外"。而另一种意见则认为："知识是针对特定用户的需求和问题，在信息分析的基础上提供的解决方案，除了显性知识外，更多地涉及了隐性知识，包括方案制定者的经验、技能、直觉和信仰。"这种意见强调了知识的应用性，注重了隐性知识及其主体性。

我们认为，知识是可以用来指导人们解决实践问题的观点、经验、程序等信息，是人类认知活动的结晶，是对存在的正确的反映；知识是发展智慧养成技能的条件，对人的认识实践具有一定的启示性。知识是可以通过学习实践获得的。

（二）知识的分类

依据不同的标准，采用不同的方法，知识可以分为不同的类别。亚里士多德将当时的知识分为三类：第一类是理论的知识，即研究人类纯认识活动的学问，包括数学、自然科学，后被称为形而上学的第一哲学。第二类是实践的知识，即研究人类行为的学问，包括伦理学、政治学、经济学、战略学、修辞学等。第三类是创造的知识，即研究人类制作活动的学问，如诗学等。逻辑学既不是理论的知识，也不是实践的知识，而是一切知识的工具。亚里士多德是从知识用途来分类的，按照他的知识分类法，语文知识的外延跨越了任何一类知识的边界，既有理论知识也有实践知识，既有直接知识和间接知识，还有创造的知识甚至逻辑的知识，包括事实、信息，描述或在教育和实践中获得的技能，语文知识有突出的综合性特征。其实，整个人文社会科学就是在基础研究、应用研究和开发研究三个层面同时展开的。

如果从知识存在的状态来分类，还可以分为显性知识和隐性知识。显性知识是指以文字、图像、符号表达，以印刷或电子方式记载，可供人们交流的结构化知识。如事实、自然原理和科学知识等。显性知识一般比较容易理解、获得和交流。它具有公共性，可以存储在图书馆、局域网或数据库中，其传播和复制的成本比较低廉。可以通过阅读材料或教材，参加会议和查询数据库获得，对这一类知识可以实现信息化。

隐性知识是指很难用语言、文字表述，即"只可意会，不可言传"的知识。隐性知识由认知、情感、信仰、经验和技能五个要素组成。隐性知识相对来说比较主观，它依附于人的大脑或技能之中，通常是通过行动表现出来。由于隐性知识具有非结构化和专有属性，一般比较难以掌握，其传播的成本高而且范围小。在日常生活中，隐性知识具有有用性，是人们达到价值目标的工具。目标的价值越高，这种知识支持获得目标越直接，这种知识就越有用；隐性知识的获得不能从他人那里获得直接的帮助，它通常靠自己去获得，是不能言传的知识。隐性知识显性化就是知识分享的过程。卖油翁"惟手熟尔"之技能，斫轮老手轮扁"应于手，厌于心，而可以至妙者"之境界，庖丁解牛"以神遇而不以目视，官知止而神欲行。依乎天理，批大郤，导大窾，因其固然"之道理，都属于隐性知识。也就是老子说的"道可道，非常道；名可名，非常名"。隐性知识属于方法论的知识，已经临界于实践性的技能和智慧。

如果从知识的性质来分，还可以区分为陈述性知识和程序性知识。陈述性知识是描述客观事物的特点及关系的知识，也称为描述性知识。陈述性知识主要包括三种不同水平：符号表征、概念、命题。程序性知识是一套关于办事的操作步骤的知识，也称操作性知识。这类知识主要用来解决"做什么"和"如何做"的问题，用来进行操作和实践，是关于认识活动的方法和技巧的知识。一般地说，显性知识多属于陈述性知识。这一类知识是客观存在的作为人类社会共同财富。

隐性知识多属于程序性知识。这一类知识作为个体头脑中的知识并不是客观现实本身，而是个体的一种主观表征，即人脑中的知识结构，它包括感觉、知觉、表象等，又包括概念、命题、图式，它们分别标志着个体对客观事物反应不同广度和深度，这是通过个体认知活动而形成。一般来说，个体知识以从具体到抽象的层次网络结构的形式存储于大脑之中。语文素养目标系统中的绝大部分知识属于这个范畴。任何一种客观的公共的社会性的知识，只有内化为主观的个体性知识才能发挥它的作用。最有价值的知识是作为主体性的人独创、专有的实践性知识。

我们反复区分知识的类别，是为了更好地认清不同知识的性质、功能和传播途径，增强语文知识教学的自觉性。在语文知识中，既有陈述性知识也有程序性知识，有显性知识也有隐性知识。如语言知识属于陈述性或显性知识，而言语知识则多属于程序性知识或隐性知识。教师可以直接传授的往往是陈述性或显性知识，而那些运用价值更大的程序性知识或隐性知识却并不能直接传授，必须寻找另一种传播或生成的途径。这一类语文知识是教学的重点和难点，也是最能发挥教师教学创造性的地方，教学艺术常常在这里闪烁出智慧的光芒。

（三）知识的价值

以上的划分显示出知识的不同类型和层次，不同类型和层次的知识具有不同的价值。越是低层次的知识越是人们不可须臾脱离的，而越是高层次的知识其潜在价值越是巨大，再生性越强。国内早有学者提出知识的"智力价值"说，认为所有的知识都有智力价值，但不同的知识所蕴含的智力价值却是不同的，有类别和级别的差异。培根的"知识就是力量"是在欧洲已经摆脱了中世纪的阴影而进入工业社会的背景下说的，而且，他所说的知识是指自然科学知识。他指出科学技术的一切发明是"任何政权、任何教派、任何杰出人物对人类事业的影响都不能比拟的"，因为"发明的利益可以扩及于全人类"。在当代知识经济生产背景下的人文社会科学领域的知识，其"力量"的大小强弱是并不等同的甚而有方向性的区别。英国哲学家、社会学家斯宾塞提出了一个著名命题："什么知识最有价值？"这在教育上提示人们对知识的选择是重要的。在当代，最有价值的知识是存在于专业人员身上的技能财产，可分为：实证知识、高级技能、系统认知、自我激励创造力等。

知识存在于何处？对这个问题存在争议，实质上是对知识内涵和外延的不同界定，也关系到对知识性质的认识。《教育大辞典》认为："知识是对事物属性与联系的认识。表现为对事物的知觉、表象、概念、法则等心理形式。可以通过书籍和其他人造物独立于个体之外。"这个观点认为知识是可以"独立于个体之外"的，把知识和主体分离开来，而知识一旦与主体分离，那么知识也就失去了价值。知识不可能以实体的形式存在于个体之外，尽管通过语言赋予了知识一定的外在形式，并且获得了较为普通的认同，但这并不意味着学习者对这种知识有同样的理解。因此，应当把知识与拥有知识的主体紧密联系在一起才能真正理解知识。"知识是资讯、文化脉络及经验的组合。"知识是"与经验、上下文（Context）、解释和思考（reflection）结合在一起的信息。它是一种可以随时帮助人们决策与行动的高价值信息"。知识是结构化的经验、价值、相关信息和专家洞察力的融合，它提供了评价和产生新的经验和信息的框架。知识是一种被确认的信念，通过知识持有者/接收者的信念模式和约束来创造、组织和传递，在传递知识的同时也传递着一套文化系统。知识是从不相关或相关的信息中变化、重构、创造而得到的，其内涵比数据、信息要更广、更深、更丰富。知识是构成人类智慧的最重要的因素。

人类历史上由进化积淀而成的智能潜质只有在智能性的活动中才能够得到唤醒和发挥，人的智能是在智能运用的实践中得到发展和提高的。知识中包含着程度不同的潜在的智能因素，知识的价值也正在于此。但是，潜在的智能因素还并不就是智能，它还必须在知识的运用中才能转化为行为性的智能，只有这时，知识的价值才得以实现。也就是说，知识只有在转化为智能的时候才是有意义的，才能够迸发出智慧的火花，才能够燃烧成生命的烈焰。

（四）知识的传播与积累

相似性是知识传播的基础。如果接受者心目中的影像、理解和感觉与传播者所表达的不相符，就没有实现相同意义的交流，因而就不能达到传播的目的。当接受者的内心对含义的反应几乎与传播者要传达的意识相似时，传播的行为才能产生。实践性是知识传播的途径。知识不是孤立的、互不联系的碎片，它表现为外在的有序性和内在的结构化。因此，知识的传播只有在人的认知活动中进行才是有效的，其中要伴随着积极的思维活动。发展性是知识传播的目的。发展性包括判断评价、分析综合和交合运用。判断评价是指对一种知识发生、发展及其"含金量"的理解。分析综合是指对某种知识确定它的类别、形态，并纳入自己已有的知识结构之中。交合运用是指把某一知识和其他的知识交相融汇，并确定它在实践中的价值。

知识的积累具有以下几个规律：知识的积累是一点一滴积累的，从少到多需要一个漫长的过程。人们受自身感受事物的速度和程度的限制，受认识符号速度和数量的限制，人们获取知识只能是日积月累，坚持不懈。想毕其功于一役只能是幻想。人的一生都应该在获取知识的过程中度过。知识的积累是渐进的，从低级发展到高级。每一类知识都自成体系，形成严密的结构。一般的状况是金字塔形，在大量基础知识之上形成高级知识。高级知识能深刻揭示人们亟待认识的事物的结构状态和运动规律，一般能较快地转化为技能。基础知识越牢固、越丰富，发展到高级知识就越顺利。高级知识是人类认知的目标，只有进入高级知识的境界，所积累的知识的价值才能显示出来，才能发挥它的作用。知识积累的报酬不是按量来付给的，而是按质付给的，许多基础知识只是"铺垫"。知识的积累是有所选择的。知识进入大脑受一些条件的制约，其中制约最大的是人的需要和已有的知识储备。人们需要的知识，在实际中有用的，能看得见它的价值的知识，就容易接受；跟头脑中已有的知识有相似相近性，能"共构"的知识也容易接受。反之，则难以接受。在认识的感受、感知和思维三种模式中都存在这种情况。知识的积累是裂变式的。在人脑已有了一些知识储备后，新输入的知识和已有的知识发生交叉融合，又产生一个、十个甚至更多的知识。这是因为头脑被新的知识刺激而活跃起来，把原先不相联结的神经细胞打通，使之发生联结，新发生联结的神经细胞就"裂变"出新的知识。

知识的获取涉及许多复杂的过程：感觉、交流、推理。积累知识要求神经的兴奋和心态的开放。积累知识的最终目标是应用知识和生产知识。知识本身是无所谓价值的，只有在应用和生产中，知识的潜在价值才能实现。

常说的课堂是传授知识的阵地其实并不准确，或者说在当代生产方式背景下课堂的内涵发生了巨大的变化。因为，不同类型的知识要纳入学生的认知结构进而内化为学生的精神和能力，不能仅仅是对书本知识的重复，也绝不是单靠"传授"所能实现的。显性的陈述性知识可以通过讲述来传授，但大量隐性的程序性知识和倾向性知识是很难传授的。这些隐性知识已经濒临能力和智慧的范畴，它们是在解决问题的实践情境中逐步感悟、积累，在反复主动的实践中获得的。这必须依靠学习主体的切身体验，使独立了个体的外在知识转化为个体内在的思维与信念，进而凝聚、升华为人生的能力和智慧。因此，今天高校课堂上的"传授"应当具有传承、孕育和养成等多种含义和功能。特别是在信息化时代，知识传播途径的便捷降低了课堂知识传授的地位，而知识经济的生产方式更凸显了创造的价值，那些不能生殖的知识只不过是一片闪烁的沙砾而已。

二、语文知识的界定

（一）语文知识与语文课程

知识是形成课程的基础和原因，也是课程变革的基础和原因。无论任何课程，如果放弃了对基础知识的传授，如果放弃了对新知识的吸纳，它就失去了存在的理由。"从形式上看，课程表现为一种知识体系，课程研制的核心内容也就主要表现为对知识的选择与组织，因而，知识是课程的最直接的一级因素，而其他因素诸如社会或学生是通过赋予知识以某种价值取向及方法的方式来影响、制约课程的，是以知识为中介的二级制约因素，抛脱了知识，课程就成了无源之水，无本之木。"

过去语文课程中知识的"贫乏"和结构的缺陷相当严重，主要表现有以下几点：一是对再生性的元知识重视不够，比如词语训练的设计，多是强调联系上下文做意会式的理解，而忽视本义的掌握。如果轻视了对词语本义的掌握，学生举一反三、触类旁通的言语理解能力很难培养起来。二是知识的陈旧落后，比如一谈记叙文总是"六要素"，比如认为"阅读应是……通过理解读物的内容，把读物的语言变成自己的语言，把原文的思想变成自己的思想"。这些观点与作品阅读的当代理解有太大的隔膜。三是隐性知识、程序性非常欠缺，忽略了"知道怎么做的知识"。方法的偏移和缺失会严重影响思维的速度和质量。比如教学课文的中心思想，多是通过分析课文语句、段落或人物，让学生体会表现了什么，反映了什么，而不够重视阅读主体的创造性表达。四是对新知识的吸纳比较迟钝。比如"隐喻首先是一种语言行为（辞格），还是心理行为和精神行为"，"诗歌理论家们越来越倾向于把隐喻变成他们诗歌定义中不可分解的最小元素"，还不能及时把类似的新的学术观点转化为课程实施的一般方法以指导阅读教学。再有，口语交际的知识，阅读方式的知识，开发写作信息资源的知识，搜集和处理信息的知识等，在我们的语文课程中还十分欠缺。

还应该特别指出的是：在传统的语文课程中，批判思维和批判精神的相关知识几近空白。这是关系到一代人的性格是否健全，关系到人的心理是否健康的大问题，也是关系到创造能力如何的一个大问题。在西方，听、说、读、写的教学中始终贯穿着批判性思维的培养，这是他们语文课程的一个显著特征。仅就阅读来说，西方学者认为：批判性阅读包括内部和外部的批判性评估。关于批判性阅读外部标准的知识有：一、区别事实和观点；二、识别作者的假设；三、鉴定作者的资格；四、确定出版物的可信性；五、确定信息的传播；六、辨别一手资料和二手资料；七、找出作者的偏见。他们认为学习阅读技能的知识可以提高内部批判性评估的水平，包括：一、区别因果关系和相关关系；二、找出错误的比喻，这种错误是由比较项目之间缺乏可比较性造成的；三、找出因没有考虑各种可能性而导致的错误的两分法；四、找出没有充分证据的结论；五、判断前提的准确性，如确定是否应做出结论；六、识别自相矛盾的地方；七、识别不相干的问题；八、识别过分强调事物的共性，而忽视个性的做法。由此可以看出，西方语文课程中对批判性的知识是相当重视的。

语文课程建设中所面临的任务，很重要的一点是对语文知识状况的重新审视，对知识价值的细心考察，特别要注重吸纳新的方法性的知识，以构建合理的语文知识体系。

（二）对语文知识的不同界定

在哲学领域，以理性主义为代表的传统知识观正面临着来自现代主义哲学、后现代主义哲学、建构主义哲学、人本主义哲学诸多方面的责难。由于语文课程严格意义上的学科母体的缺失，再加上来自语文教学对既有语文知识体系进行实践检验所暴露出种种难以调和的矛盾，使得以传统理性主义知识观构建出的这套语文知识系统，无法避免地受到了前所未有的批判。实际情况已经表明，语文知识系统的重新建构已是不可回避且亟待解决；随着知识观的转型，语文课程的整体知识类型也必将做出相应调整，新型知识元素的加入在所难免。

对语文知识的界定主要有三种意见：一是对语文课程内容做了"定篇"性质与"语文知识"性质的区分，并且用"为达到课程目标而需要的教与学的概念、原理、技能、策略、态度、价值观等"来统称语文知识。二是认为语文知识就是人的言语经验，是人在言语活动（听、说、读、写）过程中对自身和他人的言语行为和言语对象的反映的产物，是言语对象和言语活动的特征及其联系的主观表征。三是主张把语文知识应分为三类："实质性知识""方法性知识"以及"价值性知识"。"实质性知识"即为大家所熟悉的语文基本知识和基本技能，也就是我们所谓的"双基"的内容；"方法性知识"即为那些非确定性的、不易把握的直接指向操作应用的程序性知识；"价值性知识"即为价值知识自身所蕴含的对人的发展的多种功能，主要包括知识的育智、育德、育美的价值。

还有人以后现代知识观作为指导思想，指出语文知识包括社会的语言或言语规律、他人的言语经验、个体听说读写的行为规则、人类的语言文化。这些知识从对象性质来说，分为社会知识、自然知识、人文知识；从学习类型来看，分为陈述性知识、程序性知识、策略性知识及两种特殊类型即心理表象、整块知识。语文学科要培养学生运用语言的能力，需要语用学的知识来支撑，因此，语文课程的基础知识应引入一些程序性知识和策略性知识，让学生掌握充分而实用的语文学习方法和策略方面的知识，让学生真正学会学习。

（三）几个主要的语文知识概念

"语言知识"与"语文知识"是两个不同的概念。语言知识是指语言学知识。而语文知识则不仅包括语言知识，还包括言语知识和文化知识。

语言知识。语言知识主要包括文字、词汇、语法和修辞等方面的知识。文字方面的要求主要是对 3500 个常用汉字的音、形、义掌握得准确、熟练。文字知识是再生性很强的知识，是使用汉语的基础，是语言之根本。词汇方面主要在于积累丰富的词汇量，了解词义系统，能理解具体语境中的词义。字词中的重点是对它们的基本义的掌握，难点是容易读错写错的字，同音字、异读字、形似字、同义词、近义词等。语法方面主要是了解汉语的基本组合规律，知道词句不能怎么组合，知道什么样的组合是错误的。修辞方面主要是懂得锤炼文句的必要性，能运用修辞知识帮助理解。

言语知识。言语知识是关于信息的接收和表达的知识，也就是听说读写的知识。言语知识包括三个方面：一是言语作品知识，主要是汉语作品的语体及其特征，基本的表达方式及其功能等。二是言语环境知识，主要是关于言语的条件、要求、状态和价值的知识。三是言语主体知识，包括言语的接受、理解以及评价方法的知识。言语知识中最有价值的是隐性知识。它在信息—知识—智慧—技能这个链条中比较靠近智慧和技能。言语知识是课程的而不是学科的，是动态的而非静态的，是实践的而非纯理论的。对它的拥有也主要是靠悟得和习得，而很难通过别人的讲授获得。

文化知识。这里指的是以语文为载体的文化。主要包括以下几个方面：历代著名作家的人格思想及其作品的知识。文学作品的阅读和批评的知识。记诵成语、名句和一定数量的经典诗文。关于制度、典籍和自然、风俗的知识。文化知识包括的内容范围很广，它构成语言知识、言语知识运用的条件和背景。

（四）语文知识的显性与隐性

显性语文知识是指能用言语或符号明确表达意义的语言学知识、文学知识和文章学知识、文化知识。我们指的传统学校语文知识（字、词、句、篇、语、修、逻、文）就是显性知识。隐性语文知识又称默会知识、缄默知识或程序性知识，这是一种不可言传只可意会的知识，它更多的是指体验、直觉、动作和心智技能，表现为一种理解力、领悟力和判断力，如学生语感的培养、自己解决问题的心智技能。波兰尼的隐性知识存在于个体中的、私人的、有特殊背景的知识，隐性知识以个体内在携带的"意会模型"为中心，这些意会模型是概念、形象、信仰、观点、价值体系，以及帮助人们定义自己世界的指导原则。隐性知识也包含一些技术因素，包括具体的技能和专门技术，以及来源于实践的经验。就知识的结构来说，显性知识以默会知识作为基础，但任何知识体系在个体身上的表现都存在隐性知识和显性知识两种形式。就二者所比例关系：根据弗洛伊德对意识和无意识的冰山隐喻，显性知识就如同浮出水面的"冰山尖端"，而隐性知识则是隐藏在水面以下的大部分，它们虽然比显性知识更难被发现，但却是认识的重要源泉，所以隐性知识数量远远多于显性知识，语文知识也不例外。

（五）语文知识与语文能力的关系

语文知识与语文能力的区别。知识与能力是两个不同的概念。知识是某项认知活动的结果，而能力则是认知活动中所显示出来的心理态度和行动技能。知识具有客观性、公共性，一般地说，知识是可以交流和传播的，而能力则具有实践性和个体性，它是不能从一个个体向另一个个体转移的。能力的获得只能在认知实践中悟得。上面说到，语文知识主要包括语言知识、言语知识和文化知识，而语文能力则是对这些知识综合运用的兴趣、速度和质量，也就是运用语文知识获取和表达的水平。

语文知识与语文能力是相辅相成、紧密联系的。任何知识的获得都需要能力，比如记忆和理解的能力，没有相应的能力就无法获取知识。一般地说，能力越强，获取知识的速度和质量也越高。能力也是靠知识支持的，除本能之外的任何能力都离不开知识。这就是说能力要以知识为基础，即使智力，也不是纯思维的问题。语文知识为语文能力的发生和发展产生刺激，提供材料，促进实现。知识的层级越高，孕育能力的功能越强。知识是具有生命力的。比如："一旦你知道了某种事物的叫法，即用来表达事物的词或短语，你就会准备用各种方式来使用该词或短语。例如用它对该事物进行叙述、赞美、诅咒或请求等。词的意义应是在这些语言活动中体现出来的。因此，词的意义不仅仅表示它所命名或代表的事物。确切地说，词的意义应是你用词所做的事情，就是在你认识到词是某种事物的名称后，你用它来进行的那种语文活动。"一个人在某领域的知识越丰富——如果他的知识结构是合理的，就好比土壤越肥沃，就越可能长出能力的大树来。

三、语文知识的教学

（一）语文知识教学的现状

目前语文教学界对语文知识的教学有两个判断：一、重知识轻能力培养是传统教育的一大特征。二、现在语文教学应该从着重传授知识向着重提高智能发展。第一个判断并不准确。孔子说："诵《诗三百》，使于四方。"他是很重视应用的。另外，长期的科举考试并不考烦琐的语文知识而重在考作文，考作文不是考能力吗？只不过是今天的大多数人远离了那种以体悟为主的能力培养的方式。第二个判断容易产生误导，好像传授知识与提高智力是对立着似的。"提高智能发展"是时代的要求，但问题是智能并不能凭空发展。智能正是在学习知识和运用知识的过程中逐渐发展起来的。知识、智能（能力）二元分离论是不符合语文教学实际的。

语文知识教学的实际状况是："知道是什么"的知识量大，"知道怎么做"的知识量小，而"知道谁拥有我们需要的知识的知识"几乎没有涉及；显性知识、陈述性知识的重复训练过多，隐性知识、程序性知识没有得到应有的重视。语文知识教学的关键问题不是知识教多教少的问题，更不是该不该教的问题，而是该选择什么样的知识来教和如何教的问题。

（二）语文知识教学的价值追求

语文知识的价值在于培育语文能力、涵养语文精神。因此，语文知识教育的内容应具备生成价值，有助于学生学好语文并能使他们终身受用。我们要做的工作一是精心选择知识的品种，二是讲究知识传授的方式，三是切实促进知识的转化。

知识并非都是等值的，有的再生性很强，有的则较弱，有的则随着情境的迁移而丧失，像孔乙己关于茴香豆四种写法的"知识"在今天已不再具有什么价值。语文知识中关于字词的知识可以称为元知识，关于听说读写方法和理念的知识则是比较高级的知识，特别是其中的隐性知识和程序性知识。教学要选择能够转化为能力和获得方法的知识、能够激发学生的兴趣和获得情感态度体验与价值观形成的知识、与学生的生活相联系的传递性强的知识、有经纬联系构建结构的完整性知识。

学生掌握知识的过程实质上是一种探究的过程、选择的过程、创造的过程，也是学生科学精神、创新精神，乃至正确世界观逐步形成的过程。

斯宾塞说："作为心智脂肪储备起来的知识并无用处，只有变成了心智肌肉才有用。"荀子说："闻之不见，虽博必谬；见之而不知，虽识必妄；知之而不行，虽敦必困。"语文知识教学的一个重要任务就是促进语文知识向语文能力的转化和生成，这有两个层面的内容：一是促进知识转化向智慧的生成。"懂得铁锹的部件和结构而不是掌握它的功能和使用方法，铁锹无异于一堆废铁；对于语言的研究而言，只讲语音、语法和词汇等语言知识，而不讲人们在交际中对它的使用情况，就是撇开语言和言语行为之知识，就是一堆静态的东西，是没有多大实用价值的。"知识不是智慧，解决问题的方法才是智慧，智慧才是真正的力量。这就要求在教学中重视知识的运用，知识只有在运用中才具有价值，所谓"最有价值的知识是关于方法的知识"，其实，一种知识只有运用于实践的过程中才可能是方法的知识，知识运用于处理具体事务可以促进能力的生成，这个过程同时也是孕育思维方式、促进思维发展成熟的过程。知识、能力、思维，这三者就可以构成一个人的基本智慧，高级的智慧是创造，还需要人的精神的支持。这就是知识教学要促进知识转化向人格精神的生成。知识应该是不断生成的、变化着的、意蕴丰富的。语文知识教育所涉及的识字析词、文思章法、文学常识、文艺理论概念等，虽经过了抽象化、概括化，但其中同样蕴含了深厚的文化内涵、充盈着汉民族的智慧和思维方式，也包含着丰富的人文精神和科学理念。正是"通过建构系统的学科知识体系对人的各种经验、知识、感受性进行分类和整理，知识权力使人成为知识体系建构的对象"。

语文知识教学应做到知识、技能和思想的统一。学习语文知识的时候，学习怎样用语文来交流思想的技能，跟学习语文所表达的思想本身，是不可分割地结合在一起的。我们不仅要重视语文知识的逻辑序列，同时还要充分挖掘它的潜在价值，重视语文知识的组织形式和呈现方式与学生生活经历有意义地结合、补充。在知识和学生的人生经验之间有了相关联系，知识教学便不再是知识本身，而是融入了个人的情感和理解。这样知识教学才能作用于学生的精神世界，生成"教育意义"，学生在理解中掌握知识的同时也超越了知识，超越了教育的引导与塑造。知识具有心智训练价值、自我实现价值、人格发展的功能，这个功能是通过知识向文化的转化实现的。知识和技术可以通过学习与实践逐渐掌握，文化则需要通过学习和创造才能逐渐形成，文化是历史走向未来的精神力量。人，只要活在世上，必然会有所创造。这是一个人的修养和品位，那是要靠自身修炼，更是我们生存在这个复杂的社会环境中更不应该缺少的品质了。

对一种文化经典的准确理解必须是在产生它的文化环境中，而理解的价值又要指向对人的性情的熏染和人格的塑造。比如，对杜牧的"商女不知亡国恨"中"商女"的阐释，"商女"为歌女，唐代也称"秋娘"。古人把宫、商、角、徵、羽五声以配四时春、夏、秋、冬，商属秋。"商，伤也，物既老而悲伤。"因为商音凄厉，与秋天肃杀之气相应，故以商配秋，称为商秋。商调凄凉悲伤，在中国古典诗词中，"商音"比比皆是，陶潜《咏荆轲》："商音更流涕，羽奏壮士惊。"苏轼《次韵郑介夫》："相与嚼毡持汉节，何妨振履出商音。"上古时代人们就极为推崇"悲善"的音乐。著名乐师夔演奏音乐的突出特点是"调声悲善"。战国时期楚国的音乐明显表现出以悲为美的特点。汉代的帝王大都喜欢楚地的悲音哀声，悲音哀声在汉代民间也极为流行。如古诗十九首中的《西北有高楼》云"上有弦歌声，音响一何悲。"魏晋六朝的音乐仍然以悲为美。钱锺书《管锥编》云："奏乐以生悲为善音，听乐以能悲为知音。汉魏六朝风尚如斯。"李泽厚、刘纲纪的《中国美学史魏晋南北朝编》也说：自楚汉以来至魏晋，音乐越来越倾向于表现哀而不是表现乐。人们对音乐的欣赏也日益以它能表现哀使人流泪感动为贵。我国古代以悲为美的音乐思想对人们的生活和性情影响很大，长期的熏陶养成了忧患沉郁的性格。

一个民族的语言文字不是孤立的语音、符号系统，而是在其中积淀了这个民族的睿智、文化、精神和感情。正像洪堡特所指出的："民族的语言即民族的精神，民族的精神即民族的语言，二者的统一程度超过了人们的任何想象。"语文知识的教学必须深入到民族文化的深处发现民族精神的光芒。语文中的文化元素就包括精神品质、价值取向、思维方式、审美情趣四个方面，语文教学就要在这四个方面齐头并进。

第二节 关于语文学科属性的新认识

　　语文是基于语言的学问。以语言文字为载体，是语文的基本特征，而着重研究语言文字承载和传播信息的规律及其效能是其本质属性。哲学、史学以及其他社会科学也都要以语言为载体，但他们关注的是语言所承载的内容。语文不仅关注语言所承载的内容，更关注语言如何承载的规律和传播的效果。后者正是语文与其他人文社会学科的根本区别之一。从这个意义上说，语文是指导人们理解和正确运用语言文字表达思想、交流情感的规律和方法的学问。侧重于语言现象，包括语法学、语义学、语用学、修辞学等，就是语言学范畴；侧重于综合性，包括文学、文章学、文化学等基础知识，就是通常所说的语文。

　　对于语文的概念和性质历来有多种说法，但本书认为语文最大的特性有三个方面：

一、知识性与感悟性的统一

　　语文有工具性的作用、知识性的内涵，但语文绝不是单纯知识性的，语文更多地以直觉的形式呈现，以知情意统一的特质存在，有着超知识的感悟性。马克思认为"语言是一种实践的、既为别人存在并仅仅因此也为我自己存在的、现实的意识"，海德格尔说"语言是存在的住所"，伽达默尔称"语言是人类拥有世界的唯…方式"。现代哲学、现代语言学理论和心理学研究已经证明：语言远非工具，语言远非一个知识系统。过去，我们主要是在工具论的指导下将语文的认识局限在知识性质的范畴，其实是偏颇的。这是语文教育长期陷于讲知识、考知识而没有切实提高学生语文智慧能力泥沼中的根本原因。实际上，语文作为一个教学的科目，其中既有知识性的内容，还有更丰富的超知识的智慧性。对于语文实践来说，重要的是要获得这种智慧，"约定俗成"的智慧，或称之为"语文素养"。如果没有获得这种智慧，你就是将一些基础知识背得滚瓜烂熟，也不一定能写出像样的文章，甚至还无法理解诗文的基本意蕴。1979年吕叔湘先生在《关于中学语文教学的种种问题》中说："我们要有知识，这是不错的，更重要的是要有智慧。你光有知识，你不会用那些知识，那也是枉然。那样的知识没有用，是死的。你有智慧，你就能运用这些知识。所谓智慧，好像这东西很高超，其实不然，智慧就是能动脑筋。你会动脑筋，所有的知识都能供你使唤；你不会动脑筋，那些知识不会为你所用。"正是基于这样的理解，吕叔湘强调"语文教学的首要任务就是培养学生各方面的语感能力"，认为只有这样，学生"对于语言文字才会有正确丰富的了解力，换句话说，对于语言文字才会有灵敏的感觉"。王尚文说："语感是人对语言直觉的感知、领悟、把握能力，即对语言的敏感，是人于感知的刹那在不假思索的情况下有关的表象、联想、想象、理解、情感等主动自觉地联翩而至这样一种心理现象。"这种心理机能就是叶圣陶提到的"灵敏的感觉"，一种直觉，"一种不经过复杂智力操作的逻辑过程而直接迅速地认识事物的思维活动。"也就是一种语文智慧。具备这种直觉智慧,在一听一读之际就能理解语言文字的含义、正误、形象、情味以及在具体运用中的细微差别等等,似乎达到了自动化的程度。现代心理学认为:语感是在大脑皮层上建立的相应的巩固的言语动力定型。而"言语动力定型中,构成其特有的动作方式的各个环节的动作,是按一定的程序构成的,因而,当这种言语动力定型建立并巩固之后,某种言语活动信号一旦出现就可以自动地引起这一言语动力定型内各个动作的反应。"这正是语感迅速直接地认知语言的心理基础。语文教育就是要努力培养和促使学生形成这种言语活动联系系统。从这种迅速直接的感知看,语感是感性的;从它涉及的广度看,语感离不开主体的知识面;从它深刻领悟、把握言语的能力看,语感又是理性的。语感其实是感性和理性、知识性与超知识感悟性的统一。"感性中暗含着理性的认识和本质的理解;直觉中潜伏积淀着逻辑理智基础,这样就可以在感性直接关照里,同时了解到本质。"

语感能力的高低决定语文能力的高低,因为信息交流直接凭借的是语感,离开语感就谈不上信息交流,可见语感是语文能力的基础。语感能力的高低又决定语文审美能力的雅俗。审美思维离不开良好的语感,言语活动中的审美对象的感受、审美情感的诱发、审美能力的形成都必须基于语感。因此,不少语文专家认为,语感培养是语文教学的中心任务,是语文教学改革的重点和突破口,又是语文教学的目的之所在。

二、民族性与人文性的统一

法国结构主义人类学家列维·斯特劳斯曾对语言与文化的关系做过这样的归纳:从发生学的角度来讲,语言是文化的一个结果;从哲学的角度来讲,语言是文化的一个部分;而从人类学的角度来讲,语言则是文化的一种条件。"首先,这是从历时性方面来看文化的条件,因为我们学习我们自己的文化大多是通过语言";"另外,从理论性更强得多的观点来看,语言之所以可以说是文化的条件,是因为语言所赖以建立的材料同文化所赖以建立的材料是属于同一类型的。由此观点来看,语言好像是为那些相应于与文化的不同方面的更复杂的结构奠定了一种基础"。无论哪个民族的人群,其汲取知识、交流情感、传播文化等等,都对语文形式有着深度的依赖,语言是比文化更基础的东西。语文活动是"人类最基本的人文活动方式",人类文化活动和文化成果,就是建立在语言的基础之上的,是由语言提供基本成分和结构的。因此说,语文在各种人文活动中居基础地位,语文最能体现人类精神活动的人文性和人本个性,也最能体现人类族群差异的民族性。

同一民族韵语文,不仅具有约定俗成的同一性,体现出鲜明的民族性,而且在语文活动中,始终存在着丰富的情感活动的参与,具有人类群体间双向互动性、不断反馈的思辨性。从语文与思维之间的关系角度上来看,思维是一切人类语文活动的天然内核。通常,一个民族的语文是这一民族鲜活思维长期发展的结晶,并因此鲜明地烙上了该民族的思维特点。语文活动主体是人,语文运用中的互动,带有强烈主体色彩和灵动的悟性,而且对掌握和使用这一媒介的人而言,还具有能动地发展和调适的动能。语文作为人类生命的工具,从牙牙学语起将伴随~生一世,而且生活的方方面面都离不开语文,都渗透着语文的作用。

语文最大限度地载负着本民族丰富的文化、思想和情感内涵，是传播民族文化、培养民族精神最重要的载体；语文是人学，最有利于培养人的美好情感，提高人的修养，获得人的身心健康，这是其他任何学科难以相比的。

以教学科目出现的语文，是关于中华民族共同语的教育，或者是母语的教育。它除了是社会交际的工具之外，它同时也是中华民族成员智育、德育、美育的综合体现，是一种民族精神的源流，其中蕴涵着浓厚的人文精神和时代特征，而语言则是这些精神思想的载体。语文教育担负着传承、弘扬、发展祖国文化、发扬民族精神的任务，丰富着中华民族的文化底蕴，并为不断创造新的文化提供新的根基。

通过语言，照亮的是张扬着人的自由、人的个性、人的生命精神的世界。对语言的这种功用，西方当代哲学家海德格尔有过精辟的表述："语言是存在的家园，是人存在的领域。我们只能在语言和存在相遇。语言即言说，言说即指出，让看，让听，它以显现、敞开、照亮的方式呈现世界"。正是语文的这种内在的人文属性，使语文教学本身体现出博大精深的人文内容。从根本上说，语言文字本身不仅是交际的工具，更是生命的符号，是人类用来传递事、理、情、志的载体，是人文精神的载体。作为语文教学内容的文学作品，是社会生活的反映和作家思想情感的表现，表现人性、人道、人权和人生。表现人对大自然的认识和感情。阅读文学作品可以认识历史和人生，提高观察生活、理解生活的能力，古人言："腹有诗书气自华"，就是这个道理。语文教学过程也渗透着人格气质、胸襟境界、学识修养等各种因素，语文教学中师生的言语行为都发生在"文化背景"中，教师的教学活动是"心灵对心灵的塑造，教书与育人紧密结合"，教学中的文化内涵的辐射和传承是在教学双方的感情交流与契合中完成的，经过学生的感悟与运用，教师的"润物细无声"就能水到渠成地实现其价值。

人文素质教育强调的是人应具有全面的知识结构，促使人的知识、情感和意识等全面健康的发展，并为生存竞争提供强大的精神动力。我们认为，人文素质包含的内容相当广泛，但核心素质之一应该是语文素质。因此抓住语文教育，就是抓住了人文素质教育的脉搏。

三、读思说写基本功与文史哲艺综合知识的统一

"读思说写"被视作语文的基本能力要素，早已公认。"读"是汲取信息，是"思"的来源，但"学而不思则罔"；"思"是说写的源流，说写是思之内容的外化；没有阅读，就没有思想，也就无从说写。有了思想，不会说写，或说写不好，也不行，这又取决于说写的技能和方法。对于少年来说，阅读是汲取知识信息的主要方式；对于成年人来说，读写更为重要。不但要多读，还要博读，才能适应信息爆炸、趋向综合的当代世界。这就必然涉及到语文读本的范围。

文章与文学、文化、语言，都是语文的构成要素。在语文这个范畴内，文化的实体性所指不是别的，正是文章与文学。语文这个范畴内，离开了文章和文学，文化只是一个"概念"或"内涵"，作为一种概念性、内涵性的东西，它只能让人领悟到，思索到，体验到，却无法使它在教学活动中与学生"接触"，因而没有可教性。文章和文学、文化、语言四

个范畴是相互层叠蕴涵的，它们是全息性的四个范畴。"语言结构是'许多系统的系统'，或者说各种相互有关的范畴的'网络'，其中没有哪个部分是完全独立的，或者完全从属于另一部分的。就语言来说，在把一切都学会以前，没有哪一部分可以完全学会的。"因此，无论持什么语文观，指导学生阅读文章、文学作品和名著，都是不可少的，提高学生的读思说写能力是其基本功。语文不同于文学，语文不仅要给学生情感美的滋养，给学生艺术美的熏陶，同时也要给学生语言文字的方法与技巧。

纯文学重在感悟，而语文课要尽可能充分地发展学生个体的能力体系。其中包括语言能力、思维能力，激发其想象力和创造潜能。"语文教育本质上不是培养小说家和诗人，而是"把握汉语的阅读和写作。"语言能力是指以语言积累为基础、语感培养为指向的实践性能力，分别表现为注重情感体验、丰富精神世界、独立自主的阅读能力，耐心专注地倾听、文明得体地表达和沟通、富有感染性和说服力的口语交际能力，感情真挚、条理明确、追求独特感受、有创意的写作能力，以及全球化时代所必备的搜集和处理信息的能力；而思维能力则是与语言能力互为表里、同步发展的，由于课程评价趋向注重学生个体在学习过程中的形成性和发展性，故真正意义上的自主型语言能力之发展，必然内在地刺激着个体思维能力之成长，并进而开发出想象力和创造潜能。（潘涌）语文要从"知识和能力、过程和方法、情感态度和价值观"三个维度上去发展学生的能力体系和人格体系。这样，就广度而言，个体的精神境界、个性品德和语文水准将得到完整的提升；就长度而言，个体以志趣为动力、以自主学习为习惯的终身可持续发展将得到可靠的保证；而就深度而言，生命就超越了单纯的知识和技能训练而获得抵达人性深处的灵魂之优化。

因此，各国母语教育在注重语言能力培养的同时，也注重思维能力、审美情感和健康人格的培养，并将语言教育与学生的学习、活动和生活紧密结合起来。特别注重语文与科学教育、艺术教育的相互融合。语文课程是一项教育学生懂得"中国人为人的道理"（鲁迅）的核心课程和系统工程，它应该是包括文学、美学、教育学、心理学、史学、写作学、艺术学等各门学科在内的职业教育阶段的语文总体教学。

第三节 语文教师角色定位

一、语文教师的角色定位

(一)语文教师的心理角色

孟子说:"君子有三乐,而王天下者不与存焉。父母俱存,兄弟无故,一乐也;仰不愧于天,俯不怍于人,二乐也;得天下英才而教育之,三乐也。君子有三乐,而王天下者不与存焉。"(《孟子·尽心上》)"得天下英才而教育之"是自我价值的实现,能够为社会培养有用人才是一种极大的精神满足。要在日常的教学中实现自己的人生价值,在教育学生成才的过程中延续自己的生命,必须当一个好老师,时刻不忘自己育人的责任并且善于担当责任。好老师不能仅仅把教师职业作为谋生的手段,更把它作为安身立命之所在,在对教育的追求中实现自我发展的人生目的。

而在社会从传统向现代转型的时期,教师职业受到多方面的挑战。现代化把个人的物质利益推向了价值的核心,原本丰富的人简单化为经济动物,人类相信经济手段可以解决一切问题。现代性导致了社会各要素的分离,然而,教育却是统一的,德智体的统一,过去、现在与未来的统一,本土与外域的统一。一方面,教师是经验的传承者、个体社会化的促进者、个人成长中的引导者。教师要学为人师、行为世范;另一方面,社会的现代性又是经济的和个人主义的。在这种社会状态下,教师普遍滋生了一种职业角色的困扰,这实质上是现代性与传统交织产生矛盾的结果。"春蚕到死丝方尽,蜡炬成灰泪始干"是对教师职业的一个经典描述。现代性严重消解了这个信条存在的现实基础。

最理想的职业角色应该是与从业对象融为一体的,能够从主体对象化的过程及结果中确证自己作为人的本质力量。"动物和自己的生命活动是直接同一的。动物不把自己同自己的生命活动区别开来。它是自己的生命活动。人则使自己的生命活动本身变成自己意志的和自己意识的对象。"因此,教师要做灵魂的工程师,首先要做一个理想精神的守望者。我们也只有站在这个坚实的基础上才能讨论语文教师的职业角色。

教师的职业角色并不是一种自我选择,而是具有相当程度的社会规定性,体现了社会对从事教师职业的人所形成的一种期望行为模式。职业角色的定位是由职业的内在要求和外在期望所决定的。教师职业角色内在要求是传播人类文化,培养一定社会所需要的人才;教师职业的外在要求是社会赋予教师的期待,包括社会理想和社会规范等。教师的角色不是单一的,一个教师要同时扮演好多种角色,承担多种任务。我们在此只讨论语文教师职业的心理角色。语文教师的心理角色是指语文教师应该具备的心理方面和思维方面的素质以及行为规范。语文教师是人文精神的弘扬者，语文教师应该称为学生的精神导师。同时，他应该找到专属自己的风格，倾听自己内心深处的声音。"一个人应该在与其他人的联合中使自己沉入到作为历史具体的整体的世界中，以便在普遍的无家可归的状况中为自己赢得一个新家。他与世界疏离造成了一种精神的个性，而沉入则在个体自我中唤醒一切属人的东西。前者要求的是自我修炼，后者是爱。"语文教师职业的最高意义正在于此。

语文教师肩负着传递优秀文化的重任，是精神价值的阐发者，是丰富感情的点燃者。在人们心目中，教师往往被认为是"社会的代表"和"伦理的化身"。语文教师往往容易引起学生的认同感，从而产生模仿的行为。语文教师最容易与学生交流思想认识，语文教师自身的文化修养会直接影响着学生的精神世界。学高为师，身正为范。语文教师要在知识、能力和做人上给学生做出榜样，把深厚的情感倾注于教学之中，这是语文教师应有的教育修养，也是搞好语文教学的重要基础。在讲课过程中，讲到悲的地方能潸然泪下，讲到喜的地方兴高采烈，讲到美的地方心驰神往，讲到丑的地方则怒形于色。用感情的力量撞开学生思维的闸门，激起学生感情上的共鸣。

语文教师精神导师的身份是做教师的至高的境界，臻于这种境界的必要条件是对学生精神生命充满人间大爱的殷切期待。学生美好、强健的生命应当成为教师坚持不懈的终生追求。你唤醒了他的灵魂，你给了他力量，你眼中的光影成为他生命航船上一直高挂的风帆。这既是学生的幸运，也是语文老师的幸福。这种心境太美妙了，笔者借用方思《竖琴与长笛》的意境来表达我们语文教师的情愫：

有一个少年，他在默默地前行，有一天他发现周围的一切都改变了模样：绿树、红瓦、蓝天、白云。鸽子振翅的声音似乎更响了，小羊，一只洁白的小羊，渐渐地在他的视野中走失。他的内心滋生出一种说不出的孤独。只觉得有一朵花在开放，在心海，在海中的小岛上。花香似清清的涟漪，一圈一圈地荡漾开来，像浓浓的雾一样，充满了所有的日子。这就是爱情吗？爱情产生于孤独。生命在早晨睁开眼睛的时候，发现了花瓣上的露珠，她凝视着露珠的美丽，突然悟得了露珠和时间，美丽和存在的关系。于是起风了，树林间传来一阵阵的响声。生命渴望爱，渴望被爱。时间渴望和空间结合，瞬间渴望和永恒结合，存在渴望和意义结合，孤独渴望和丰饶结合。

语文教师应该在学生的生命感到孤独的时候给他爱——你代表大地和天空，代表历史和未来，代表良知和正义，向他发出深情的呼唤。把种种人生的感受，一一道来，诉说得情真意切，委婉动人，摇曳多姿，像是俊朗的少年和款款的少女。这是爱的绰约的风姿，这是爱的生命的真谛。爱是给予，是创造。生命因为爱的呼唤和追求而觉醒，因为爱的照耀而熠熠生辉。至此，学生们的语文学习已经升华为一种命运："像鹰追赶希望"，执着，坚定；蓝天，白云；滑翔，搏击；自由的意志，追求着的生命。年轻的心没有归宿，只有永不停息的追逐。去那样一个热烈的"舞蹈之国"，去那样一个静谧的家园，去那样一个生机蓬勃的地方。美好的生命是追求着的生命，最美的地方是想要到达的地方。生命的意义在于不断地追求。多姿多彩呀，光辉灿烂呀，正是不断追求的结果。人的躯体是物质的，只有注入精神的因素，才能成为美丽的生命。生命是一个过程，呈现开放的状态，它的强健和富足是自我修炼、自我完善的结果。

这样的语文老师，会成为学生精神的图腾！

（二）语文教师的行为角色

在教学的过程中，有两种不同的教师角色：一是"牧师"，一是"老板"。所谓牧师，就是以权威的身份传播"真理"，即所谓布道；而老板的任务则是组织员工积极生产以争取最大的利润，他的任务主要是策划。教师以先知的优越感向学生传播前人的知识，很类似于牧师的布道，学生的创造并不是他所追求的目标。"老板"型的教师应该善于创设研究的课题，组织和促进学生的研究过程，追求的目标不再停留在对前人认知结论的掌握上，所追求的最大"利润"应该指向学生思维成果的产生和创造性思维习惯的养成。教师亟需完成从"牧师"向"老板"角色的转变。

因为在我们这个时代，一个人生存和发展的最重要的资源就是创造的精神和能力，创造的精神和能力并不是在占有了大量的知识之后自然形成的，而是在学习知识、运用知识的过程中生成的。那种认为学习只是接受前人的知识，学习书本上的知识，谈不上什么创造的观点是错误的。固然，书本上的知

识对于人类来说是已有的认知成果，从科学上来讲，学习这些成果算不上什么创造。但对学生个体来说它却是"未曾发生的"，如果学生在学习的过程中探明了"知识"的来路，并且学会了应用，这对他们来说就是创造，因为这确实是他们一系列思维活动的成果。真正的学习者是从自己的经验中建构自己的意义的人。

联合国教科文组织国际教育发展委员会在《学会生存》中指出："教师的职责现在已经越来越少地传递知识，而越来越多地激励思考，除了正式职能以外，他将越来越成为一位顾问，一位交换意见的参加者，一位帮助发现矛盾论点而不是拿出真理的人。他必须集中更多的时间和精力去从事那些有效果的和有创造性的活动：互相影响、讨论、激励、了解、鼓舞。"小威廉姆·E.多尔在他的《后现代课程观》中也表达了相似的观点，他说："作为教师我们不能，的确不能，直接传递信息；我们帮助他人在他们和我们的思维成果以及我们和其他人的思维成果之间进行协调之时，我们的教学行为才发生作用。这就是杜威为什么将教学视为交互作用的过程，而学习则是那一过程的产物。"教师应当在教学的过程中带领学生去创造，他引导学生分析问题，启发学生思考，决不把最终结果端给学生，而且，还要在创造知识的过程中承担起提升学生生命，使其灵魂得以再生的重任。

在上述理念指导下，语文教师基本的工作程序有三个步骤：

第一，给学生提供合适的材料。学生的认知结构具有开放性和动态性，它必须与外界不断进行信息能量的交换才能维持和发展其生命力。材料是"外界刺激"，既是学生研究的对象，在本质上还是一种有助于启动思维的酵母。教师的任务是提供材料，或者指出搜集材料的方法和途径，甚至是只提出对材料的要求，剩下的全由学生自己完成。再就是揭示材料和观点之间的逻辑关系，提示研究的角度和方法，阐发那些包蕴比较艰深的观点。为学生提供的材料一般要在"最近发展区"内，材料所含信息的强度能够打破学生原有图

式结构的稳定,使之远离平衡状态。这样,学生在自组织力的驱使下就形成精神上的探求欲。提供材料的方式是多种多样的,或亲身体验,或实物感受,或符号转换等。王步高主编的《语文》辑录了总论、集评、汇评、真伪考、作品争鸣、作品综述、研究综述、参考书目等深化和拓展教学内容。集评、汇评中甚至辑录了互相矛盾的观点,让学生听到不同的声音。这样不但加深、拓宽对课文的理解,让学生能看到作品更深层的内涵,多角度感受作品的艺术魅力,也看到某些作品的瑕疵,更重要的意义在于发展学生的思维能力和批判精神。

学生从大量材料的阅读中获取知识,再对这些知识加工整理,使之系统化并纳入自己的生命结构之中,再进一步和自己所面临的问题结合起来,制定出运用于现实的策略。完整的过程一般要经过感应、感知和思维三个层次。感应、感知是基础,是思维材料的来源和动力。思维是感应、感知发展的高级阶段,也是人认识的目标。对感性材料进行思考和抽象,对理性材料进行想象和创造。想象就是寻找联系,生成意义;创造就是在各种联系中有所发现,就是主体对客体存在真相的揭示,而且在想象和创造中寄托着主体的精神向往。由形象到抽象再到想象和创造,学生研究的过程是一个多次超越的过程。

这个过程并不是直线式的,也往往不是一次就能够完成的。它要经过学习主体多次的自我抽象和想象,才能有所发现,有所创造。

第二,教师要善于组织研究。英国著名的课程论专家劳伦斯·斯滕豪斯(L·Stenhouse)认为:文科教学的基本内容应该是问题而不是既成的结论;探究问题的主要方式应该是讨论而不是灌输式的讲授;教师应在学生争议中秉持中立立场;教师不该以权威或书本上的观点来封锁学生的思维疆界,问题讨论不一定达成一致意见;教师作为讨论的主持人应对学习质量和标准承担责任。"文科不是讲知识,而是讲智慧。"这种意见落到实处就是教师要善于组织研究,在学习语文的过程中做一个组织者和引导者。

教师的具体任务是开发语文资源,搜集教学材料,实施教学计划,设计语文活动,激发学习的兴趣,鼓舞学习的力量,评价学习的结果,组织和推动学习进程。学生的能力和精神只有在对问题的研究中才能发生和发展。研究是一个实践性的动态过程,它包括问题的发现和提出,材料的搜集和整理,观点的孕育和形成,最终是成果的表达和交流。研究式的学习不以接受现成的结论为目标,它追求的是自主的发现和创造,能够发现问题并设计出解决的方案,表达出自己的观点。研究式学习需要主体精神的高扬,最能显示出人的本质力量。对学生来说,这是一个发现的过程。学生在研究的过程中体验到发现的欢乐,这将成为他们追求科学真理的持久动力。

第三,教师要及时推动表达。有效学习活动的指标之一是通过产生创造性成果来体现的。这种成果可以是一种语言作品,也可以是一种认识或方案设计。表达就是对这些研究成果的呈现和交流。表达具有生成性和物质性,生成性是指表达是知识、能力和精神交互作用、共同发展的过程。物质性是指表达是以外显的形态进行的。表达是教学形式的最高阶段。语文的表达形式多种多样:提问、回答、讨论、演讲、辩论、写作、文案设计乃至演出等。

语文教师行为的终极目标是发展学生的思想,提高学生的认识水平,在这个过程中形

成独立自主的创造能力并最终实现完满人格的发展目标。教师的行为直接制约着学生思想的进程和结果。语文教师要担当起自己的行为使命，首要的是自己要保持敏锐的思维，善于设置思想的环境。要有效地发展学生的思想，首先教师必须是一个有思想的人，目光犀利，慧眼独具，对事物能有自己的判断，而不是只会人云亦云地向学生贩卖别人的现成结论。而且，活的教学具有瞬间性，思想的萌生和催发往往像火花一样一闪即逝，教师必须能够敏锐感受，及时捕捉，帮助学生把瞬间的火花燃成思想的火炬。

启动学生的思想往往是困难的，教师要善于设置思想的环境。所谓思想的环境即观点对立冲突的情境，这情境中潜伏着一个充满诱惑的疑问。人的思想是从质疑开始的。在疑问的逼迫下休眠的思维被唤醒，发散的思维被集中和定向，从自在状态进入自觉状态，从而形成一种精神的力量来解决疑问。人的主体性就是在这个过程中发挥作用并得到证实。思想环境来自于教材并指向教学目标，教师的任务在于发现和揭示，在于引导和推动，还在于对思想环境的范围和程度的把握，设计的标准是要能契合学生思想的现状，能够激发起思考的愿望。

教师要善于为学生提供思想的动力，促进思想的进程。思想的生成需要一个完整的思维过程，过程的顺利推进需要持续不断的动力输入。在学生思想的过程中，教师要抓住时机，根据需要，或发问，或提供材料，或讨论交流，努力使学生的思维处于活跃、定向、集中的积极状态。引入活水，投石于心湖，都是为了打破学生内心图式的平衡，最高的境界是使学生能产生一种灵魂的焦虑和期待。这时，飞扬起来的思维具有一种神奇的力量，它虽然无形，但它可以冲破认识的坚冰，迎来百花盛开的思想的春天。"学习、求知、思考、创造这完全是学生自己的事情，一个优秀教师的使命在于催生学生尽可能充分地释放生命深处的智性元素和情意能量。打个比方，如果教师是一位颇有匠心的点火者，那么，熊熊燃烧一己生命则是学生自己的事情，释放生命的智性和情意能量是其义不容辞的天然使命。"

教师还要为学生提供积极负责、切实有效的价值导向。真正思想的状态应该是自由和富有个性的，这样才能有创造。压制和划一产生不了真知灼见，但自由和个性不是乌烟瘴气。引入异质的思想，多方共同参与对话，是思想过程中必不可少的材料和动力。但是引入不是为了陈列，而是为了创生；多方参与的众语喧哗也绝不是乱七八糟，它们最终要指向一个价值目标。思想在穿透事物的同时，还应该以精神的光芒照亮事物，还应该有一种高贵的价值追求——对美好人性的呵护，对正义的尊崇，对人类缺陷的救治以及对未来精神出路的探求。教师往往不以自己的观点结束思想的过程，学生的思考往往也不容易统一，但是，没有定论绝不是丢弃价值标准。教师的导向是隐蔽的，内在的。这要求教师的思想要达到相当的高度，而且表达的方式也要具备一定的艺术。在夏天里，所有的植物都在疯狂地生长，但田野最后的收获却是对人类有用的粮食。如果说教师的行为比农民艺术一点的话，那就是农民要伸出手去把杂草锄掉，而教师"锄草"却并不动手。

语文教学工作是复杂、繁重又要耐心、细致，学生知识的获得、语文能力的形成、人生观世界观的确立，无不需要语文教师的熏陶感染。语文学科的教育成效周期相对于其他学科要慢要长，语文教师要有坚忍不拔的顽强意志和无怨无悔的敬业精神。

二、语文教师的专业修养

在语文开课之初，据徐中玉说："在师资安排上，各大学安排的多是知识面最博的老师。比如当时的清华大学，是最有教学经验的朱自清、吕叔湘等来担任，很多人即使愿意，还上不了这门课。我是读中文系的，教《文学名著选》的老师是当时的《楚辞》专家游国恩先生。冯沅君、陆侃如、郭绍虞、朱东润、许杰等先生都曾上过这个课。"语文课程内容涉及古今中外的文学作品，要讲的还有古代汉语、文艺理论、哲学、艺术以至宗教等。语文除具有语文固有的感性特征，还具有突出的思辨性。如《楚辞》《庄子》等天马行空式的想象、联想所带来的博大精深、神奇莫测，其中蕴含着深邃的哲学思维、理性思考和人生追求。教学这样的篇目不仅要有较深的学识根基，还须辅之以丰富的生活经历、深刻的人生体验、严谨的思索分析。要胜任语文的教学，教师需要多方面的高深修养。我们在这里只从人格修养、学术修养、能力修养三个方面来讨论。

（一）语文教师的人格修养

从社会出现教师这个职业以来的全部历史证明：一个好教师应具有好的人格。乌申斯基说："教师的人格，就是教育工作的一切。"教师对学生的影响是"任何教科书、任何道德箴言、任何惩罚和奖励制度都不能代替的一种教育力量"。现代社会价值观的多元化和教师教学方式的变化，使得教师人格的重要性更为突出。

在现代教育中，教师越来越少地传递知识，越来越多地激励思考，其角色扮演将越来越成为一位顾问、一位交换意见者、一位帮助发现矛盾论点而不是拿出现成真理的人。教师不再像过去那样仅仅致力于传授和灌输各种文化知识，而在于帮助学生创设丰富的教学情境，为学生提供各种便利和服务，如组织讨论、相互评价、共同决策，使每一个学习者的智慧为整个"学习团体"所共享。因而教师工作也相对更具有专业性，教师人格的独立性更强。这种教师的独立性表现为对新信息、新知识进行过滤、筛选，将之合理化组织后再呈现给学生的能力；不迷信定式，不屈从于权威，具有自由意志和自主行动的倾向，这也是创新型教师的一个鲜明的人格特征。

再进一步，因为语文鲜明的人文性，语文教师的人格已经成为语文课程不可缺少的一部分，而且是最活跃最具生成性的部分。语文教育的理想性决定了教师理想人格存在的价值和必要性。语文教师是认知、评价、决策与实践的生成者，与学生共享生命的资源；是道德、审美与信仰的生成者，与学生同构生命的意义与希望。在很大程度上，语文教师之所以能对学生产生重大影响，不仅在于课程内容本身，也不仅有赖于语文教师的权威与学识，更重要的是通过教师的人格力量在课程中的辐射和对课程内容的激活来发挥作用的。

"一个好教师应具有的人格品质包括：提高别人的学习能力，增强他们的自尊心与自信心，缓和他们的焦虑感，提高他们的果断性以及形成并巩固他们为人处世的积极态度，等等。"一个好的语文教师的高尚人格内涵应该更丰富、更深刻、更具有文化精神，充满智慧的力量、道德的力量、情感的力量、意志的力量和审美的力量。其中有三个基本的要素：个性、人文和理想。

人格作为一种文化的积淀是有其共性的，但是这种教师人格的共性并不排斥教师人格的个性，更不意味着广大教师都千人一面，众口一声。相反，每个教师都应当有自己鲜明的个性。人的才华通常是由人的个性表现出来的。只有坚持共性与个性的统一，才能塑造出符合客观实际的现代教师人格。教师的人格魅力不是追求完美而是发展积极的心态，表现真实的自我。我们希望把学生培养成有个性的人，教师自己就必须有个性。这种个性越突出、越明显，就越有魅力。

乌申斯基说："一切教育因素都必须建立在教师的个性的基础上，因为人的个性是教育力量的唯一的活的源泉。"语文教师个性的基础和核心都是自己生命感悟、孕育、喷发出来的思想。所以，"要真正发展，得学会思考，学会思辨，学会反思，浓缩之就是思想。在我自己的领地里，开出我自己的果子，这就是思想！……思想能使教师站立起来！风格的背后是思想。思想源于思考。作为知识分子的教师应该是一个思想触觉十分灵敏的人：追求真理，崇尚科学，独立思考，这应该是每一教育者坚定的人生信念。教师在读书的过程中要学会反思——反思书中人、书中事；反思自我生存状态；反思现实生活……惟有如此，教师才能跨越匠人，成为一个思想者。""我美丽，因为我在思想。""人的心灵除了具有思想的力量和构成正确观念的力量以外，没有别的力量。"语文教师应当能够赋予自己的教学以这种力量。

人文指人类社会的各种文化现象和文化精神。概括地说，人文精神至少由六大方面构成：以积极的价值信仰确立生命的意义，以正确的伦理观念培育人际关系，以崇高的理性精神探寻存在的规律，以自觉的公民意识参与社会事务，以坚定的文化自信传承民族传统，以高尚的审美理想创造美的世界。

康德说："人是需要教育的唯一的生命。人只能通过教育而成其为人。人无非是教育造就而成的产物。值得注意的是，人仅仅是通过人而施行教育；换言之，施教之人，自身也要接受教育。"语文教师的使命是培育学生的人文精神，而要担负人文教育的使命，语文教师必须具有深厚的人文情怀和高度的人文素养。这一方面是指拥有丰富的人文知识，熟知各种文化现象；另一方面是指具有坚定的人文信仰，把人文知识内化为自己的人文精神和人格力量。具体地说，就是对历史学、哲学和文学的通晓以及对社会和人生的深情关怀。

在语文教育实践上，人文素养表现为对汉语的热爱，对语文中人文价值的体验和认同、阐发和传达。特别是要关注和发展学生的个性，用语文课中洋溢的人文气息熏陶和感染学生。作为一个语文教师，要深知人不仅是教育的对象，而且是教育的出发点和归宿，任何教育活动的内容和形式，如果忽视了人，看不到教育对象的人格特质，就根本没有教育的科学性可言。语文不仅仅是工具，更是人的生命活动的逻辑起点和"精神的家园"。语文教育要引导学生学习各种文化知识，培养学生具有听说读写的能力，以适应、改造自然和社会；通过听说读写的语文实践活动，促进学生自身的生产，发展学生的主体，不断提高人的本体价值。

教师的道德理想是对现实问题的超越，而不是对现实的顺应和屈从。"这个目标就是身处于现代社会，观念上要走到现代之后：在二分化、分离、机械化和实用主义盛行之际，坚守一体、统合、系统性和理想主义的价值取向，以道德之心对待学生，以自律之心对待自我，以宽容之心对待社会，并通过教师的职业性格影响学生和社会。"语文教师应该是一个富有理想的人，像点燃了的、永不熄灭的精神火把一样，在和学生的相处中感染、引导、照亮学生，成为他们人生路上的精神导师和力量源泉。

即使单纯地从语文课程实施的角度来考察，也只有富于理想精神的语文教师才能使用好手中的教材。这包括两个方面：一是敏锐地发现语文课程的意义，二是深入地开掘语文课程的价值。发现是指语文教师与教材内容灵犀相通，谐和共振，把教材的内容经过心灵的放大传达给学生。开掘是指语文教师以自己精神的阳光照射教材内容，无论是悲是喜，是丑是恶，在阐释的过程中都能够反射出高贵思想的光芒。语文教师理想的沦丧会导致精神上的平庸和羸弱，从而导致对教材中的理想因素视而不见、无动于衷，教材中蕴含的精神矿藏就会白白流失掉，语文课就会因此失去灵魂而僵化。具体说来，语文教师应该是一个敏感多情的人道主义者，应该具有高尚的人格，不苟同、不屈服；对人生充满诗意的热情，对社会心怀黍离之悲，丰富而深刻。

语文教师的理想精神灌注在自己的语文教学设计里，渗透在所有的语文教育活动中。每一项语文活动会因为理想的贯注而成为淙淙流淌的小溪，欢快而富有生机。每一个字词都会被理想照耀得闪闪发亮，在明媚的阳光下无比灿烂。语文教师的理想随着教师感情的汹涌，通过教师的价值评判而形成一种心灵的召唤，于是，学生心灵中沉睡的高贵的种子睁开眼来，思考和行动开始了。被理想鼓舞着的人是不可阻挡的。在理想性的老师组织带领下，学生的语文学习就成了精神的探险，惊心动魄又充满乐趣。

朱光潜在《论大学教育方式的机械化》中指出："教育是一种人性的接触，没有情谊做基础，无论制度如何完密，设备如何周到，决难收获完美的效果。"语文教育不仅是传授和启发，还是熏陶、浸染和召唤，语文教师的人格是实现众多功能的富有人性的"情谊的基础"。

（二）语文教师的学术修养

学术修养是大学教师从业的基本条件。不同的学科所要求的学术修养有很大的差异。语文教师的学术修养包括学科造诣、文化修养和研究能力三个方面的内容。

语文教师的学科造诣是指语文教师从事语文教育工作应具有的知识储备和能力素养。一个优秀的语文教师应该饱学有识，掌握语文学科的专业知识，通晓教育心理学理论，具有多方面的兴趣和广博的科学文化知识，并能够用以指导和丰富语文教学实践。

语文学科的核心是语言文学素养。语文教师对语言的掌握和理解要能达到精深、熟巧的程度，能够熟练地操作和富有创意地运用。要有丰富的阅读储备，了解文学艺术的知识体系和历史渊源，并能预测未来的发展趋势。扎实的专业知识是完成语文教学任务的基本条件，学生最气愤、最不能原谅的是教师的不学无术。

语文教师要掌握教育科学理论并用以指导语文教育实践，形成语文教学的能力。教育科学理论包括教育哲学、教育学、教育心理学和语文学科教育学，这是教师组织教学的理论基础。教师只有了解教学的客观规律，运用科学的教学方法，才能有效地促进学生主体作用的发挥，从而获得最佳的教学效果。

语文教师在强化人文学科专业理论修养时，尤其应加强哲学的研习，多阅读古今中外的哲学名著，了解一些有影响的重要的思想家和哲学大师以及哲学流派，因为哲学是一切理论科学的基础，哲学思辨能力是掌握和建构理论体系的基本条件。文学理论体系是一种哲学演绎体系，要密切关注和吸纳当代文艺学研究的新进展、新成果。文学学科的专业理论具有认识论的意义，可以指导我们进行各种文学实践活动，如引导我们正确阅读，培养审美情趣，提高鉴赏能力，提供价值体系和方法论体系。在任何科学中，理论都是知识的最高形式，是对被研究客体的最完整、最本质的反映，是对客观规律的最系统的概括。

语文教师还要有广博、精深的文化修养。文化是整个语文课程体系的背景甚至也构成语文课程的内容。语言背后是文学，文学背后是文化，缺乏对中国传统文化的深刻理解，既难以成为一个合格的语言教师，更难以成为一个合格的文学教师。缺乏对世界文化的了解，对语文课程目标的定位必然浅陋促狭。所以，一位合格的语文教师要对我国及世界的历史、哲学、政治、宗教等方面的经典悉心研读，并能够在理解的基础上运用于对社会生活的观察和预测。例如，对影响世界最为深远的三部文化经典《论语》《理想国》《圣经》的研读，对三大文化渊源柏拉图阐释史、《圣经》阐释史、《论语》阐释史或《十三经》阐释史的梳理和研究。即使对文学文本的阐释也应上升到文化的精神境界。比如李白、杜甫、王维，他们被称为诗中的仙、圣、佛，诗中的天、地、人，诗中的真、善、美。他们代表着三种生活态度，体现着三种人格精神：李白是飘然不群，傲岸不驯，蔑视权贵，恣意反抗的精神典范；杜甫是以使命感立世，以天下责任为行为原则，从而在此岸世界成就大我生命的精神典范；王维则体现了一种以一切本空为世界观，以自然适宜为人生哲学，以清净解脱为生活情趣的精神境界。从诗仙到诗圣，再到诗佛，又显示了个体生命历程的三个必然阶段：青春意气，向往浪漫的李白；中年深沉，认同博大的杜甫；渐入老境，回归淡泊的王维。这是三颗伟大的诗心，也是人生在世的三种态度。

语文教师具有与语文教学相关的科学素养，才能形成科学的世界观和科学的方法论。新兴学科不断出现，文理学科相互渗透，语文教学的内容不仅局限于语言文学方面，还涉及广泛的社会科学、自然科学等方面的知识。要做一个合格的语文教师，就要博览群书，采纳百家，不断拓宽知识领域。这样才能感染学生，才能唤起他们强烈的求知欲望。此外，各学科知识的相互渗透、综合课程的实施，更要求教师涉猎广泛的科学文化知识来丰富教学的内容，适应现代教育的需要。同时，教师的博学也是建立威信的重要条件。

高等学校的教师是以学术为生的人，其职业特征是发现。发现有两类：一类是自己在科学研究中的发现，这属于教师自己的专业学术；另一类是在课堂上教会学生发现。在课堂上教会学生发现的过程是课堂学术。

语文教师必须要有自己的专业研究领域，在语言、文学、写作的一个方面深入下去并且取得自己的研究成果。这不仅是自己在学界立身的资本，更是教授语文课程的必要条件。教师自己科研的经验和成果，在研究过程中的创造精神和能力，会积淀为近乎本能的思维方式——他将习惯于从问题指向解决方案的创新。只有这样，他才可能在课堂上指导学生研究，他的教学才可能是创造性的。很难设想一个没有科研背景的人走上高校课堂会是一种什么糟糕的情景，他除了做一名知识的搬运工还能做什么？

总之，语文学科是一门交叉性极强的综合学科。语文教师要"精"于语文专业，"博"于文化科学，能以正确的教育理论指导教学，让教学过程充满学术精神。这样，才能把语文课教活，使学生学有所得，终生受益。

（三）语文教师的能力修养

语文教师的能力修养是指语文教师在教学中对学生进行知识传授、能力培养和思想砥砺而采取的方式方法的效率。作为教师，需要将所拥有的知识转化为学生所能掌握的知识，并借以发展学生的智能，这就需要掌握教育知识和教学技能。语文教师能力的外部标志首先是要求语文教师能负责任地、创造性地履行教师的职责。外部标志的第二个表现是教学情景具有明显的目的性和适应性。语文教学工作不但要让学生掌握语文知识技能，而且还要对学生进行情感价值教育。在具体的语文教学过程中，语文教师要能根据学生心理特点和教学内容的特点设计出符合学生语文学习规律的实践活动，特别注重自主、合作、探究式学习方式。让学生多动脑、多动手、多实践，锻炼独立获取知识的能力。语文教师技术态度外部标志之三，是要求语文教师能卓有成效地发展学生的思维能力。在语文教学中要让学生掌握语文基础知识并能把语文知识转化为读、写、口语交际的能力，在训练、发展学生的常向思维的同时，也发展学生的变向思维、创造思维，不断提高学生的思维品质。

语文教师能力的内部标志包括教师的职业品质，对待教学的正确态度，兴趣爱好，教育能力和组织才干，适合学科要求的性格、气质和心理特征。语文教师应该有理想、有道德、有文化、热爱祖国，热爱教育事业，热爱学生，富于献身精神。应该具备独立思考、不断追求新知识、勇于创造的科学精神。应该坚韧、乐观，富有激情，富有丰富的想象力，以良好的心态和健全的人格给学生以激励、启发和鼓舞。

语文教师的能力还表现为对语文传媒运用的技能、言语的技能、教学设计的技能、课堂控制的技能、组织语文活动的技能、教学评价的技能和搜集材料、分析材料的技能。语文教师要能够潜心研究和熟练运用这些技能。

在语文教师应具备的多种技能中，言语和思维的能力是容易被忽略的。语文教师的言语既是教学的工具，也是教学的内容，它包含着丰富的文化信息，具有强烈的激发和组织的功能。教师的言语修养在极大的程度上决定着学生在课堂上的脑力劳动的效率。好的言语可以顺畅地传达教学内容，有效地组织教学活动，可以像蜜一样牢牢地黏住学生的注意力，引导他们在知识的海洋中扬帆远航，激励他们奋然追求生活的真谛。

语文教师教学言语的特征，除了一般的形象、开放以外，还要富有哲理美，要具有思辨性、创造激情和批判精神，精彩睿智而又闪耀着辩证法思想的光辉。语言的哲理是对人生的深刻总结和深情展望。大学生的抽象思维已经进入成熟期，对人生的思考日趋深沉。富有哲理的言语吻合大学生的心理因而受到他们的喜欢。从学科的角度看，语文教学不能再满足于语文知识的传授，而应注重语文能力的培养和语文方法的获得，并且在这个过程中实现对学生的人文关怀和人生引导。语文教学言语的哲理美来源于教学内容。它是语文教师在对教材进行深层次地挖掘与深刻把握的基础上，结合教师人生感悟和高尚的情操，以独特的审美慧眼从课文世界中"开采"出的人生真谛，能给学生以强大的人格魅力的影响。

语文教师的言语还应当具有审美性。"言之无文，行而不远。"内容美要求教师的言语思想深刻，富于哲理，充实而又含蓄，常常具有令人豁然开朗的启迪性；形式美则是要求教师在遣词造句和修辞上显示出高超的艺术，不能只满足于一般的规范化语言，要锦上添花，努力做到具有"建筑美、色彩美和音乐美"。

语文教师不单是靠语文的内容来激发学生的思想和感情的，他是有思想有感情有敏锐的感受和创造力的生命，所以课堂上的语文教师总有一副兴致勃勃的面孔，有一双一忽儿在科学的丰功伟绩面前燃烧着赞美的火光，一忽儿又好像在怀疑所做的结论的正确性而眯缝起来的眼睛。纽曼说："凡是书籍，在传达论题的特殊神理和微妙特色方面，都谈不上伴随着心有灵犀的那种一点即通和胸有成竹，那是通过眼神、表情、语气、风范，随时随地，尽有可观，三言两语，脱口而出，还有熟悉的交谈之中不经意的拐弯抹角……任何学科的一般原理，大家可以足不出户，通过书本而知之；可是细节、色彩、口吻、氛围、生气，使得一门学科融入我们血脉的那股生机，凡此种种要从师长那里把捉，因为学科已经在他们身上获得了生命。"教师的体态语言是展现其人文风范的重要方式。

总之，语文教师的课堂言语具有鲜明的学科性质，即可感性、情感性和启发性。语文教师要能够把深奥的事理形象化，把远处的东西近处化，把抽象的事物具体化，把无声的文字变成有声的言语，生动地再现教材的思想内容。语文教师应该成为运用语言的艺术家。真正优秀的语文教师，其口头和书面的表达就是学生学习母语的活生生的教科书。教师今日语用之修炼，就是学生明日语用之造化。与其说是一本优质的教科书造就了人，不如说是一位卓越的语文教师熏陶并升华了青春生命。即使有一本优质的教科书，充其量它只是教师实施教学的一个小小道具而已，而比道具本身更重要的是教师自身那种超凡脱俗的思想力和表达力。

教师职业思维很特殊，其突出的特征是强烈的生成性和主动的反思性。他要认定，一切事物及其本质是在其发展过程中生成的，而不可能在事物运动之前就存在。生成不是指数量的叠加而是指"变成某物"。这是一种哲学层次的认知观念，优秀的教师总是以此来指导自己的课堂教学。他羞于、不屑于捧出一个现成的结论，哪怕这个结论是真理。他总是习惯于从头开始，从问题开始，和学生一起经过烦琐的过程、艰苦的思维而获得。语文教学的生成性表现为从想象文字、感受形象、体验情绪到产生思想并表达观点的完整过程。

波斯纳教师的成长公式是"经验＋反思＝成长"。教师职业角色的发展开始于回归自我的批判与反思。经验主要通过学习实践而获得，而反思则是对经验和实践的思考发现并提炼，是积极主动地寻求自己的专业发展并评判性地思考过去的过程。具有较完美师德的教师会主动地根据时代和社会发展的需要，通过反思自己的伦理行为是否恰当，反思自己的知识体系是否合理，以及如何提升自己的教学技能，反思自己的道德取向是否正确等，来对自己的从教能力和个人德行进行回顾与总结，从而获得更好的职业发展。反思贯穿于教学全过程的各个环节，教师是运动员、裁判员和教练员三位一体的，他既要潜心于教学内容，又要对自己的教学过程做出评价，并且及时总结出经验教训，提出改进的途径。一个优秀的语文教师会经常向自己发问：我有没有打动学生的感情，我有没有点燃学生的智慧，我有没有把学生带到一个精神的高地，还有没有更好的教学途径？《礼记·学记》上说："不兴其艺，不能乐学。"教师不兴其艺也不能乐教。教师的艺，从根本上说就是对真理的明了揭示和对感情的深刻体验能让学生感到新奇甚至震惊。如果能让学生在学习中意识和感觉到自己智慧的力量，体验到创造的欢乐，为人类的智慧和意志的伟大而感到骄傲，那么语文教师也就会赢得学生的尊敬和爱戴。语文教师的课堂应该是飘洒着感情的春雨，播洒真理的阳光，气象万千，奇幻、瑰丽。

三、语文教师的任务

（一）语文教师工作的特点

语文教师的工作具有鲜明的文化性、实践性和艺术性。

文化性。文化是人类精神的空气，人是通过文化跟生存的这个世界建立起深刻而广泛的联系的，一个人的力量来自于他所掌握的文化的程度，而人们接受和传承文化则是从学习语文开始的。语文能够为学生的终身学习和有个性的发展奠定基础，也主要是指通过与文化著作的对话来培养起学生的深厚、坚定的文化精神。当今世界的语文教育，不论中国还是外国，也不论是国家的课程标准还是教育界的有识之士，都深刻地意识到了这一点，并且正在积极组织实施。《普通高中语文课程标准》指出："语文是人类文化的重要组成部分"，语文教育要"增强文化意识，学习探究文化问题的方法，提高认识和分析文化现象的能力，吸收优秀文化的营养，参与先进文化的传播"，要"选读经典名著和其他优秀读物，与文本展开对话。通过阅读和思考，领悟其丰富内涵，探讨人生价值和时代精神，以利于逐步形成自己的思想、行为准则，树立积极向上的人生理想，增强为民族振兴而努力的使命感和社会责任感。养成独立思考、质疑探究的习惯，发展思维的严密性、深刻性和批判性"。相比较，语文更加具有文化高度和精神价值的向度，因而，语文教育的文化性更加突出。民族的文化传统、哲学理念和思想情感渗透在语文教材当中。各种语文教学资源都是文化的载体。开发众多的语文资源其实就是要多方面吸收中华民族和人类文化的丰富营养。

语文中的"文化"有别于一般的文化。语文课程实质上体现了教育对文化的一种"选择"，这种选择具有定向整理功能，即所选择的文化一般都是社会规范的、稳定的、优秀的文化，镌刻着人类的智慧。语文教材，特别是那些文质兼美的经典性教材文本都是人类优秀文化的结晶，如果看不到它的文化内涵，不能充分挖掘它的文化意蕴，语文教材的功能和价值就无法得到充分体现。而且，教育对文化的选择的过程也是文化系统化、条理化的过程，如教材的编写，都经过了教育者的精心加工、组织，其结构、体系更趋合理与完善，它有利于提高学生的能力。因此，一般而言，语文中的"文化"是一种规范的、优秀的文化。

就狭义的语文教学而言，基于文化层面的语文中的"文化"更多地体现在"文本"以及"教学中"。这种文化更多地体现在"精神层面"上，即从类型上讲，属于心理意识层面，它包括文化传统、规范、价值观念、信仰、思维方式、表意象征符号、行为模式等。文本中所包含的文化是指课文所体现出的价值观念、信仰、规范、思维方式、思想感情等；互动文化则包括师生在教学中所表现出的人文精神、价值、规范、思维方式、表意象征符号、行为模式等。因此，语文教学要充分挖掘文本所蕴含的文化以及在互动中力求更多地体现文化意蕴。

语文教学要让学生感知理解教材内容，在思想、情感、精神上受到启迪和陶冶的过程。语文学习的教与学的全过程，就是一个传递文化、接受文化、培育文化精神的过程。指导学生开展听说读写各种练习的过程，就是发展学生思维能力、开发和提升学生主体性的过程。语文教师工作的目的、凭借以及全过程，都有着浓郁的文化色彩。语文教师就是一个热心而又坚定的文化的使者。

实践性。语文教师工作的实践性是由语文课程的性质决定的。教师不再是单纯的"教"师，而是"导"师。在教学过程中形成以学生为主体，以在做中学为重点，以掌握听说读写的经验和能力为目标，融"教、学、做"为一体，强化对学生能力的培养。陶行知认为："教学做是一件事，不是三件事。在做上教的是先生；在做上学的是学生。先生拿做来教，乃是真教；学生拿做来学，方是实学。不在做上用功夫，教固不成为教，学也不成为学。"

语文教师工作的实践性应从两个方面去理解。其一是语文教师本身应该具有丰富的语文实践体验，并能把这些体验转化为教学的能力；其二是语文教师的教学要着力培养学生的语文实践能力。

要培养学生理解和运用语言的能力，教师对语文内容的感知和体验是极为重要的。语文学科是形象的、感性的，具有极强的熏陶感染作用。语文的内容是人类生产活动、社会斗争、文化生活、道德观念以及各种体验、体会的总结和概括，这些对于学习语文的学生说，都是间接经验、间接认知。语文教师要努力把课程中的间接经验、间接认知转化为学生的直接经验、直接认知。这就要求语文教师既要有较多的社会阅历和语文实践体验，而且还要具备表达、感染的卓越才能。如语文教师的阅读经验和写作经验可以扩大和丰富自己的感悟和体验。具有实践感悟和实践体验的讲解和引导，才会有感染力和说服力，才会产生良好的教育效果。另外，语文是实践性很强的课程，要让学生多进行语文实践，在大量的语文实践中掌握运用语言的规律。语文教育的过程是学生听说读写不断实践的过程，是学生在语文实践中受到熏陶感染的过程。理解语言运用语言的能力，只能是在亲身练习、实际操作中逐步获得。语文教师要多设计有针对性的练习，让学生动脑、动口、动手，引导学生自主、合作、探究地学习。同时，语文教师更要注意把课堂教学与课外活动结合起来，充分利用各种教学资源，让学生在广泛地接触社会，在实际应用中综合性地学语文、用语文。

艺术性。语文教师工作的艺术性指的是语文教学具有相当的技能技巧，具有鲜明的个性。语文教学是一门科学，也是一门艺术，教学的每一个环节都闪烁着创造的智慧。语文的教学过程，是按照美的规律进行的认知实践活动。语文教师在教学活动中的艺术性，表现为语文教师要掌握教书育人的技能技巧，能运用富有创造性的方式方法，能够熟练运用言语、动作、音响、图像等形象化手段，生动有趣、卓有成效地表达特定的教学内容。语文教师言语的形象性、启发性是教学艺术最主要的特征。语文教师借助于形象化的言语，通过打比方、做类比、举例子、摹声、绘状等艺术处理，使学生感知语文材料时如临其境，如见其人，如闻其声，从而产生巨大的艺术感染力，促进学生的感知、思维、理解和想象等认识活动的积极开展。综合运用叙述式、说明式、论证式、抒情式等各种表达方式，则能化难为易，容易引起共鸣。娓娓动人的讲解，丝丝入扣的分析，循循善诱的点拨，引人入胜的谈话，张弛跌宕的节奏，可令人荡气回肠。教学言语的抑扬顿挫，诙谐幽默，或是慷慨激昂，深沉委婉，都能令人回味不尽。语文教师的各种非语言教学手段，如眼神、手势、体态、表情，同样可以是一种教学艺术的表达，对搞好教学起着重要的辅助作用。

教师是课程和学生之间的一座桥梁。语文教师讲授语文材料的过程和学生感知语文材料的过程，就是对艺术形象感知和理解的过程。通过这些艺术形象，教师达到教书育人的目的，学生达到掌握语文知识、养成能力以及净化和提升灵魂的目的。语文教师所设计的教学活动的程序要新颖活泼，符合学生的认知规律，具有审美性。语文教师的智慧和创造性常常就在这里发挥出来。

语文教师要教好语文，就要像一位艺术家那样对待自己所教的课程，对课本上的知识深入研究，细细消化，融入自己的感受和体验并使之具体化，转化成为具有美学特质的教学行为。这个过程就是语文教学工作艺术化的过程。语文教学艺术的目的和标志都是在教学过程中激发学生的感情，把教学内容转化为学生的体验，抵达学生的灵魂。

（二）语文教师的课程建设

语文教师要对语文课程的性质、地位做到正确、深入的理解。语文课程的基本特点是工具性和人文性的统一，语文课程是学好其他学科的基础，也是学生全面发展和终身发展的基础。语文课程的奠基作用和多重功能决定了语文课程的重要地位。

语文课程着眼于全体学生获得基本语文素养，还要让每一个学生具有适应实际需要的识字写字能力、阅读能力、写作能力、口语交际能力，熟练掌握语文的方法。语文课程是具有丰富人文内涵的课程。语文教学具有极强的感情和价值的引导作用。语文还是实践性很强的课程，应该让学生尽可能多地直接接触语文材料，在大量的语文实践中学习语文、运用语文。学生是学习语文的主体，必须激发学生学习语文的积极性，倡导自主、合作、探究的学习方式，改变单纯师传生受、死记硬背、机械训练的学习状况，唤醒、提升学生的潜能，培养学生的创造力。

语文课程是实践的更是开放的，语文课程要改变过于强调语言本位、与其他学科割裂的状况，努力沟通与其他学科的联系，加强与生活的联系。语文教师要强化课程资源意识，因地制宜地开发、利用各种课程资源，努力建构开放和富有活力的语文课程，扩展学生学习语文的视野。语文教师要立足于自己所教学生的实际，积极建设开放、多样、有序的语文课程体系，适应学生对语文教育的不同期待。

大学有不同的类型和层次，从学历的层次来看，有本科与专科之分，本科又分重点大学和普通大学之别；从学术层面来划分，大学又可分为研究型大学、研究教学型大学、教学研究型大学和教学型大学几类；从学科层面来划分，还有文科与理科之别；从专业的层面去划分就更多了。不同类型和层次大学的办学定位、培养目标以及学生的素质水平存在很大的差异。语文教育也必须进行差异性定位，教学内容必须因人制宜，因材施教。重点大学本科主要培养目标是逐步遴选学术性理论型人才，学生驾驭知识的能力比较强，对学术问题反应敏感，因此，语文课程应该突出人文性、综合性和研究性，着重实现人文素养的提升，同时也适当兼顾高等形态的逻辑思维训练和思考力以及说写能力的提高；充分运用文学文本内容丰富性的优势，对大学生进行文、史、哲、艺和宗教等相关文学文化知识的教育，为这些学生未来的学业深造和职业发展构筑基础性和通识性的文化平台。而三本、高职、专科教育主要是职业教育，职业教育主要培养技术性应用型人才，学生动手能力相对较强，做技术性工作是他们的优势；因此，这些学校的语文课程定位应该以工具性、综合性为主，并兼及人文性；专科语文课程的综合性主要侧重于语文如何与未来职业发展相适应，立足于学生的就业需要，体现职业教育的特点，走"应用语文"或"实用语文"的路子。语文能力的培养可以与专业相结合，采用课堂教学与实训教学相结合的办法进行。如实用阅读、实用口语和实用写作等都可结合职业核心素质和技能，有针对性地进行教学，以培养学生走上职场应具备的职业素质、人文素质和语文能力。

　　语文教师要加强对语文教材的研究、实施和反思，努力构建属于自己的教师课程。语文教材是语文教师进行教学最直接、最主要的凭借。语文教师要做好语文教学，就要对语文教材有深入的了解和研究。深刻理解教材编写的指导思想、体系、模式、所选范文、练习设计。研究教材的方式主要是通读全套教材，比较不同体系的教材，对范文进行悉心的揣摩和深入的分析。语文教师要能够深入挖掘教材的潜在的发展功能，充分发挥它的作用，并能够创造性地把语文教材设计成富有启发性的教学活动。教材实施的目标是把教材的教育因素通过教学实践活动内化为学生的语文素养，其关键环节是听说读写的教学设计和组织落实。对语文教材的反思主要是看它的内容和形式是否符合人才成长的需要，是否符合时代的要求，是否符合学生学习语文的内在规律，并能对不恰当之处及时修正、调整和补充。语文教师要做到既能实现教学目标，又能灵活运用教材，同时也要注意为学生留出选择和拓展的空间，以满足不同学生学习和发展的需要。

　　教师还要积极编写校本语文教材。这种教材紧密结合学生的专业目标，给学生补充本专业的文献资料，帮助学生养成专业技能，对学生的生存和发展起到奠基作用。这是对国家通用语文教材的补充和延伸，是针对本校学生的学习能力而开发的教材资源，难易适度，适合学校大多数学生使用。教师和学生共同参与语文教材的开发，也有利于创造性的教与学。编写校本课程要积极探索语文与其他学科的联系和沟通，发现活动课题，设计活动程序，这对提高学生的综合素质有很大的好处。

　　语文教师对语文活动的组织和管理，主要是设计好活动的目标、选择活动的内容和方式，加强交流和评比，同时，要使语文活动结构化，要具有典型性和可发展性。比如指导语言艺术社、学生文学社团活动，推荐学生优秀习作发表，指导征文比赛、朗诵、演讲、课本剧等。指导学生的社会实践，学会交流沟通，写作社会调查，增强社会责任感。对社会热点问题、热点人物、社会现象等进行探讨，使学生正确看待社会和人生。提高学生的实践能力、创造能力、就业能力和创业能力。锻炼学生的竞争意识、参与意识，端正学生的人生态度，让学生学会解决问题的方式方法。

语文教师要出色完成自己的教学任务，必须有成熟的自我意识，以自己渊博的学识和人格的光辉去自觉地观照语文课程和教学的各个方面，创造性地开展工作。语文教师在教学工作中要一方面能潜入语文教学过程的长河中畅游；另一方面又能站在岸上观察和反省，这样，教学活动才能是自觉、清醒和有效的。

（三）语文教师的日常工作

语文教师日常工作的主要环节有了解学生、钻研语文教材、设计教学方案、上课、布置作业和学习评价，以及听课评课、开发语文综合课程和写教学笔记等。有些环节的内容和方式与中学语文老师并没有本质的区别。这里仅从大学教学的角度和容易被忽略的几点做一说明。

"大语文"的教育观念已为广大语文教师所接受。在科学技术迅速发展、文化科学知识急剧增长、各种信息高速传递的时代，开发和利用课外各种教学资源，组织好学生的课外活动，对巩固扩展学生的语文知识，培养学生的语文能力，强化语文创新意识，丰富学生精神生活，都具有重要意义。积极开发和利用本地本专业的教学资源，引导学生联系生活实际和现代社会中的现象考察文化问题，学习对身边的这类现象进行分析和解释，提出自己的见解，展示学习的成果。语文教师应高度重视课程资源的利用与开发，充分发挥自身的潜力，参与必修课和选修课的建设，创造性地开展各类活动，增强学生在各种场合学语文、用语文的意识，多方面地提高学生的语文素养。

大学的语文学习特别要经常组织学生开展文化论著选读与专题研讨，"探究"古今中外的文化问题。指导学生阅读文化论著，交流阅读体会，对其中的主要内容或观点进行讨论。应指导学生领会精神，抓住重点，不必面面俱到，纠缠枝节问题，深究微言大义。应指导学生通过阅读论著、调查梳理材料，学习文化问题探究的方法，吸收优秀文化的营养，增强文化意识，提高认识和分析文化现象的能力，能更好地传播先进文化。探究学习的目的是要培养学生的探究习惯和探究能力，让学生体验探究的过程，学习探究的方法。其他领域的探究学习中，撰写考察报告、论文之类涉及语文的活动，属于语文"应用"的范畴。进行文化问题的探究，也要注意提高学生的语文运用能力。

写教学笔记，对自己的教学及时反思是一个教师良好的职业习惯。反思作为联结知性与理性的桥梁，是具有较高价值的内省认识活动，是认识真理的高级方式。教学反思是教师对自己的职业行为以及由此产生的结果进行审视和分析，以批判的态度、挑剔的眼光和追求完美的劲头进行深刻的再认识。反思的本质就是理想与实践的对话。反思的过程实际上是使教师在整个教育教学活动中充分地体现为双重角色：既是引导者又是评论家，既是教育者又是受教育者。这种双重角色的定位实际上是自我意识的觉醒、主体性的具体体现。在反思、咀嚼、回味中，个体认识世界、认识自我从而确认存在，生成意义。诚如考尔德希德所言："成功的有效率的教师倾向于主动地创造性地反思他们事业中的重要事情，包括他们的教育目的、课堂环境，以及他们自己的职业能力。"从更高的意义上说，是在反思中追问自我，发现自我，实践自我，超越自我，体验并获得人的意义，不断走向人之为人的存在。

（四）语文教师的专业发展

自我专业发展的意识是指对自己过去与现在专业发展状态的反思以及对未来专业发展的规划意识。自我意识强烈的人具有反思精神，对自己所处环境条件、专业结构、专业水平和发展状态能客观分析。在此基础上，确定发展方向，制订切实可行的专业发展计划，对计划实施可能产生的结果也有清醒的认识。语文教师的专业发展具有本专业的特殊性，又具有这个学科在高校学术体系中的限制性。语文教师对此要有清醒的认识，确定明确的目标，采取切实可行的方法。一般说来应从以下几个方面着手：

语文教学实验和语文教学研究。语文教学实验和语文教学研究是语文课程改革中的重要内容。实验可以由国家、省、市、校组织，也可以是语文教师个人探索。教学实验可以是教学内容方面的，教学方法方面的，也可以是综合性的。教学实验需要语文教师加强学习，更新观念，树立正确的人才观和学习观、质量观，把创新意识和实践能力的培养真正贯穿到学校教育教学各个环节中。同时，要加强课程改革实验的科学研究，对实验课题要进行充分论证，认真构思，切忌搞"假、大、空"，要在实验中注意总结经验。

语文教学研究能力是一个合格的语文教师必备的能力。一个语文教师不仅要掌握教什么、怎么教，还要深究为什么，要不断追问怎样的教学内容和方式才是更理想的。这就要求语文教师探索语文教学规律，研究语文教学现象，关注时代对语文教学的要求。诸如对语文教学现状的调查、历史经验的总结、实验方案的反思、教学方法的改进、教学观念的进步以及教育体系的创新等，都是语文教师教学研究的内容。语文教师的教学研究能力，主要表现在听课、评课、组织教研活动、教学改革实验、总结教学经验、撰写教学论文和专著等方面。要做好语文教学研究，语文教师要善于学习新知识，了解新信息。要勤于实践，善于积累，勇于创新。要注意搜集有关资料和数据，选准课题，并敢于动笔撰写教研论文或专著，交流自己的科研成果，丰富和发展语文教育理论。选择教研课题要注意从教学实际出发，由小到大，由点到面，逐步扩展，一开始不宜选题过大。

语文教师要不断提高自身专业学术研究的意识和能力，使自己拥有专家学者和教师的双重身份。专业学术研究素养是提高语文教师专业素养的关键，也是提高语文教育质量、改变语文现状和命运的关键。"教师即研究者"是国际教师专业发展的重要理念。语文教师要努力使自己在专业学术研究领域有自己的感受、观点和结论、成果，努力提高自身的学术研究水平，以深厚的专业学术修养来增强教学内容的学理性，提升教学的层面和质量，使教学活动永葆旺盛的生命力。

从事科学研究、学术交流，参加专业的学术团体，在学术活动中充分发表意见。在认识自我与周围环境现实关系的前提下，自觉创造专业发展条件，加强沟通与协作，学术交流和合作研究既可以在同校教师之间进行，也可以跨学校、跨地区团队合作进行，充分利用资源，相互支持配合，共同促进学科发展和自我专业发展。尽量参与专业范围里公共的、共同瞩目的研究活动。比如主动地与同行中的资深学者、专家、人士横向联合，申报并研究省部级乃至国家级的科研课题。再如积极参加某些专业的学术研讨会等，以此增进与本学科主流的学术研究领域的相互联系、沟通和合作，从而规范自身学术研究方法，启迪学术研究思路，开拓学术研究视野，提升学术研究综合实力。积极撰写并努力发表有较高学术含量和价值的专业论文、专著等，以此促进本学科学术研究能力的提升，并培养自身学术研究的求真求实精神和不浮不躁、严谨科学的作风。实践也证明，提高大学教师的学术研究水平和能力，是提高高等教育质量的有效方法之一。要想在日益激烈的教学竞争中站稳脚跟，或者追求更高的目标，不断地以精深的学术研究和丰硕的成果充实提高自己也是必由之路。

语文教师要善于寻找语文研究的学术生长点。现代科学技术迅速发展，新知识、新学科不断出现，社会的生产方式和生活形态迅速变化，语文学科与其他学科互相渗透融合，社会对语文教育的目标、内容和方式也在不断变更。我们要善于从这种变化中寻找学术研究的生长点，从蜗居式的研究走向开阔和深沉。在语文研究的方法上注重学科交叉、大数据和实证调研，长期关注语文教育的行动研究和叙事研究。

语文教师要经常、反复地研读中外文化经典，使自己成为一个文化人，成为语文课程生动活泼、富有创新力量的载体。"教师应该是博览群书的饱学之士。五湖四海，古今中外；上下五千年，纵横八万里，教师都应该有所涉猎。这样，教师在课堂上才有可能口吐珠玉，游刃有余，讲起课来左右逢源，旁征博引，妙趣横生，见地别具，谈吐不凡，从而给学生带来一路春风，使其如同进入一个辽阔纯净甚至是可以嗅到花草芬芳的知识王国。"语文教师要拜谒经典、扣敲人文，与童心为伴、与时代携手。教师要不断汲取自然科学和社会科学的最新研究成果，关注社会生活和意识形态的发展趋势，给学生以正确的引导。关注时代前沿是为了自身的新鲜活跃，须知在我们不得而知的广阔世界还有这么多的不可思议，我们不可将自己摒弃于时代之外，不可将自己轻易划入老年一派；关注前沿更是为了教育的新鲜活跃，了解孩子们的心态，才能与他们探讨，才能更好地引导他们形成正确的价值观。我们语文老师教的是语文、是历史、是文化，是思想、是精神、是智慧、是力量，那么，语文教师就要成为这些要素的载体甚至就是它们的闪光。

"教师要把学生造就成什么人，自己就应当是这种人。""教师要先于学生而努力锻炼自己的思想和表达力。思想力可以从异质阅读开始，在指令性课程范式中教师自身接受了太多的同质化阅读，导致自己的思想也被高度同质化乃至日益趋向机械化、刻板化、单一化。我们应该非常自觉地展开多元开放的异质阅读，深读超越'语文'的古今中外思想者们丰富的多元思想。只有经过如此多元阅读的长期砥砺，才能催生每一位教师蜕化出思维精彩、表达个性的新自我！"

我们所置身的社会"是这样的一个社会，除能够为每个人在其成年以后的每个阶段提供业余式的成人教育之外，还成功地实现了社会价值的转换，即学习、自我实现和成为真正意义上的人已经变成社会发展的目标，而且所有的社会制度都以这一社会目标为指向"。既然如此，作为以教育人为职业的语文教师又怎能不终身学习？语文教师的业务进修和终身学习是一项具有战略意义的工作。

第四节 语文课程的价值

一、价值与语文课程的价值

（一）关于价值

"价值"一词，是一个很古老，使用极为广泛的概念；价值问题，也很早就为人们所重视。在19世纪下半叶，形成了"价值哲学"或"价值论"这样一个哲学中的特殊门类。马克思主义价值观认为，无论是知识问题，还是道德问题或者艺术问题，都可以进行价值判断。凡是符合客观真理，又能满足人们需要的事物，就是有价值的。马克思在《评阿·瓦格纳的"政治经济学"教科书》一文中指出："价值'这个普遍的概念是从人们对待满足他们的需要的外界物的关系中产生的。"他还在《以李嘉图理论为依据反对政治经济学家的无产阶级反对派》一文中提到，价值"表示物的对人的有用或使人愉快等属性"。在上述两段话中，马克思指出了价值的基本含义，也指出了在价值中反映着主客观的关系，是客体对主体需要的满足。李连科在《价值哲学引论）中，对价值进行了分类："从主体需要的不同，即物质需要和精神需要的不同，将诸多价值归为两类：物质价值与精神价值，再将人自身的价值与之并列，单独列为人的价值。"李连科认为，"如果说，物质价值是人类生存和发展的基本价值，那么，精神文化价值，则是人类日益走向全面发展的标志。""物质价值和精神价值应当协同发展。""精神价值主要包括知识价值、道德价值和审美价值。这三种精神价值是密切联系着的，只有在思维上才可以把它们完全区分开。

（二）关于语文课程的价值评价

价值评价是对事物的意义评价。也就是说，价值取决于客体，但又不单纯指的是客体，是客体的主体效益，是主体对客体需要所产生的一种关系，评价这种关系的标准是人类的社会实践。语文课程是教育实践中的一个知识门类，有着自己独特的价值，理应受到高度重视。在这里，我们不想只谈狭义的语文课程，而是要在更加广阔的视野里，站在21世纪中国教育发展与走向的高度，重新审视语文课程。也许下面的观点代表了语文课程界同仁对这门课的认同："语文课程是高等学校一门重要的公共基础课，是培养学生的人文精神，提高学生的综合素质、审美能力，陶冶情操，提高学生运用母语的能力的重要课程。语文课程的独特功能及作用是别的课程无法替代的。C"职业教育的语文教学绝不仅仅是在课堂上讲解几篇作品或者是分析几位作家，也不仅仅是教学生学会写几种文体的应用文章，它应该是一项如何教育学生懂得"中国人为人的道德'（鲁迅语）的系统工程，它应该是包括文学、美学、教育学、心理学，史学、写作学、艺术学等各门学科在内的职业教育阶段的语文总体教学。""我们认为，如同高等数学、职业教育物理是高等理工科的基础学科一样，语文课程应是整个高等教育的基础学科之一。"但是，学界的认同与语文课程课的实际状况并不是一回事。目前，"语文教学在我国职业教育教学体系中的地位尚未完全确定，对它的作用的认识也并非完全一致。""全国几乎没有一所职业教育明确将语文课程列为职业教育生的必修课（专业课、选修课除外），绝大多数学校没有对同学的中文水平提出具有明确的要求，一些理工科院校甚至连相关选修课也不开"。①这话虽然是几年前说的，但目前的状况并没有从根本上改变。有人说，现在职业教育生课业负担重，哪有时间安排你的语文课程？也有人说，学生的专业必修课都上不过来，语文课程课还想成为必修课？学生课业负担重，这不假，但这要靠调整专业设置、更新课程内容等方法来解决，而不能靠挤占语文课程那几节可怜的课时。

我们应当看到，随着科学技术的发展，社会的进步，人类文明已经步入一个新的阶段——综合化阶段。多种学科交叉，多方面知识综合及其在教育上的反映，已日益成为带有时代特征的主要趋势。过去几个世纪，人类文明的发展，比较强调的是分析，经过较长时期学科日益分化的历程之后，又重新出现了学科综合的趋势。综合化对教育影响深远的一个重要方面是人文社会科学和自然科学、技术科学的交叉渗透。教育的综合无疑是科学与人文综合的先导。作为高等学校中唯一能起到文理渗透、文化与科技交融作用的语文课程课，理应成为面向除中文以外各专业开设的一门必修课。可以说这是大势所趋，势在必行。

二、语文课程在文化素质教育中的独特价值

（一）语文课程能够使语文课真正成为文学教育课

教育部制订的语文课程标准中说："语文是最重要的交际工具，是人类文化的重要组成部分。工具性与人文性的统一，是语文课程的基本特点。"但是，令人遗憾的是，在应试教育的体制下，语文的工具性被大大强化，以致淹没了人文性，使语文完全沦为得分的工具，语文课本身的丰富性.形象性、娱情性被消解了，极富操作性的所谓标准化试题、刻板的训练，使一篇篇典范作品被肢解，优美的文学佳作化为一道道似是而非地选择题，文学本身的精神气韵已荡然无存。应试教育造成了学生对语文学习的逆反心理和抵触情绪，职业教育新生中厌倦语文的人占相当大的比例，他们普遍对语文及传统文化缺乏兴趣，对此感到很隔膜。"职业教育生对那些民族的、传统的东西的喜好程度肯定比不上他们对现代的、时髦的文化的喜好。在人文选修课的报名单上，"古诗词欣赏"、"民族音乐欣赏"的栏中门可罗雀，而"股票知识"、"西方文化概述"的栏中却熙熙攘攘，以致校方不得不强行加以调配。以讲授古代文学为主的语文课程，自然也遇到了同样的尴尬，这并不是语文课程本身的过错，而是应试教育的罪孽。今天，我们提倡素质教育，就是要使语文课重新回归到文学教育上来，回到语文的人文性上来。十几年的语文课使学生的心灵变得越来越简单、狭窄，越来越教条、刻板。文学的一种伟大意义就是使人与人的心靠近一点，但是，我们的文学教育往往走在与此相反的道路上。因此，人文素质教育框架下的语文课程课，无疑

要担负起文学教育的任务。

怎样通过语文课程课的学习，发挥文学教育的功能呢？首先，语文课程课要对所学的新旧知识进行一番梳理。中小学语文课本只有难易之分，而无系统性可言，课文与课文之间缺少必然的有机联系。语文课程要从文学史的角度，对学过的名家和名篇重新加以认识，使学生对中国文学的发展概况有一个系统的粗略了解，构建文学史的知识体系，使新旧知识从中找到相应的位置，温故知新，使认识得到升华。

其次，通过语文课程课培养学生的文学素养，陶冶情感，使人与人能够建立起一种非功利的精神联系，拓展人的精神空间。不读唐诗、宋词，不读《红楼梦》，文学素养特别差的人，他的精神空间就非常小，就脱不了俗。因此，阅读优秀的文学作品，增加文学素养，便能够医俗，从而多一点书卷气，少一点市井气。文学能够使人的心灵得到沟通，使我们体会到他人有不幸，有苦恼，有无奈，有希望和绝望，有欢喜和惆怅，总之，文学教育能使人敏感、善良，有爱心。文学教育给人的作用是潜移默化的。这不仅仅是个提高语言文字表达能力的问题，而且关系到美育和德育，关系到理想人格的塑造，它可以在人的感性、情感层面上发生影响，从而改变人的品性、气质和人生境界。优秀的文学作品总是以强大的人格力量来感染人，不知不觉之间改变着人的品格，提高了人的精神境界。

（二）语文课程有助于重建人文精神，继承民族优秀文化传统

语文教学的种种问题，一言以蔽之，是人文价值、人文底蕴的流失。将充满人性之美、最有趣味的语文变成枯燥乏味的技艺之学，变为一种应试训练。而文化素质教育中的语文课程课与重建人文精神紧密相连。

什么是人文精神？人文精神就是人之所以成为人的一种理性觉悟和认识、理论阐释和实践规范，包括对人的立身处世的现实规范，也包括对人的精神和价值的追求，完善。人文精神是一个人、一个民族、一种文化活动的内在灵魂与生命，是文明社会人的理性精神的基石，也是高科技时代人类的精神支柱。

语文课程课本中的选文，均为历代文学中的精品，有助于职业教育生人文精神的培养，有助于实现科技进步与人的道德修养的统一。从19世纪开始，科学潮流浩浩荡荡，改变了世界的面貌。20世纪和21世纪也是一样，我们的社会由工业社会向信息社会迈进。但是19世纪和20世纪的历史教训是什么？就是只靠自然科学的单向发展，并不能解决人类社会和谐的问题。20世纪不是发生了两次大规模的极其残酷的战争吗？有了科学技术，但丢失了人文精神，在人和物的关系上，就会是物欲横流，造成人的精神贫困；在人和自然的关系上，就会造成生态环境的严重破坏，失去人与自然和谐共存的目标；在人和人的关系上，就会失去社会的公平、公正的原则，彼此猜忌，人情冷漠。活生生的现实充分证明，人类万物在高科技发展的同时，忽略自己的精神家园。

语文课程可以培养职业教育生的人文精神，而人文精神、人文素质最重要的是树立责任感。清代顾炎武在《日知录》中说："保天下者，匹夫之贱，与有责焉耳矣。"1998年10月，联合国教科文组织在巴黎召开"世界第一次高等教育大会"，会议文件中指出"高等

教育的首要任务是培养高素质的毕业生与负责任的公民。"这"高素质"就是表现为负责任，对社会对国家负责任，国家的兴旺是最大的责任。文天祥的"人生自古谁无死，留取丹心照汗青"（《过零丁洋》），是爱国；孟子的"富贵不能淫，贫贱不能移，威武不能屈"《孟子。滕文公章句下》，是有骨气。这些都是中国一贯的优秀传统、人文精神。

一个普通人对国家民族的兴亡，如果不愿意负责任，是可耻的。作为中国人，总要想着为祖国、为人民做些贡献。伟大诗人屈原的情怀让人感佩，他说："后皇嘉树，橘徕服兮。受命不迁，生南国兮。深固难徙，更壹志兮。"（《橘颂》）诗人借橘树寄托了自己眷恋故国乡土的情怀。这是高尚人格的表现。现在有的人则相反。有两位中国技术人员，在某研究所工作，是业务骨干，后来跳槽到一家外国公司。这本无可厚非。可气的是，他们与外国老板一起同我们谈判，因为他们很熟悉行业情况，熟悉我国情况，所以宰起中国人来，比洋人更厉害。一刀宰下去，唯恐宰不准，宰不狠，流血不多。这事听来让人心寒。我们的教育，我们的语文教育，就是要培养屈原式的"忠臣"，而不是出这样的"汉奸"。

强调语文课程对人文精神培养的重要性，还基于这样的原因：现在在青年学生中，普遍存在着漠视民族传统文化的倾向。民族文化是一个民族智慧的凝聚，是一个民族的智慧与天与地与人相对话的历史性记载，理应得到各时代人们的尊重与继承，而不应心安理得地放弃对祖宗文化遗产的继承权。长期淡忘传统，远离自己的文化源头，必然造成文化的真空。远离传统文化，青年学生们却选择了另一种文化。"早期的职业教育生中有'男读武侠，女读言情'之说，现在又加上了一些社会内幕、明星传记、人生厚黑学之类的书籍，可以统称为读"媚俗文化'的书。当然职业教育生也读名著，读诗词，读思想理论著作。""媚俗文化刺激的是人的感官，而不是人的心灵，因此它说不上对人格有什么触动作用，其价值自然不高。""职业教育生在读文学名著、古代诗词的过程中，又经常会沉溺于才子佳人、风花雪月的情趣中，或停留在浅层的审美程度上，这也不免失之褊狭和浅薄，在人格的塑造上也不能称之为"完全'，有较大的待改进之处。"中由于文化根基薄弱，他们对纷纷涌入的西方商业文化失去辨别是非的能力，真空被商业俗文化迅速占领。并没有足够的传统教育使他们吸收西方严肃的文化传统，而只是把一些文化快餐奉为时代新潮的标志，饥不择食地加以追求。青年学子们需要的是良好的传统文化成为他们的精神支柱和文化主心骨，才不会无选择地飘向任何一种新鲜的刺激。张岱年说："中国文化持续发展，已有数千年之久，延续不绝，虽有时衰微而可以复盛，必然有其不断发展的精神支柱。这精神支柱可以称为中国文化的基本精神。这里所谓精神指文化发展的内在源泉。"D语文课程是21世纪文化重建工程的一个重要组成部分，本课的设置，就是要改变对传统文化的漠视态度，正本清源，充分展示中华传统文化的魅力，填补文化真空，使文化传统与今天相衔接，以培养胸有成竹的21世纪的文化新人。语文课程要用全新的理念去阐释和深入挖掘传统文化中取之不尽、用之不竭的宝藏，从中吸取精神营养，以提高青年学生的文化修养，提高他们的生活格调，实现传统文化的现代转化。

3. 语文课程有助于思维发展，有利于创新思想的产生

美国科学家斯佩里，研究人的大脑和思维。他发现人的左脑主管逻辑思维，右脑主管

形象思维，而右脑的记忆力是左脑的 100 万倍。他的结论就是，人的智力开发主要在右脑，但绝对不是讲左脑不重要。左脑是逻辑思维。逻辑思维跟科学技术工程领域的活动有关，而形象思维与文学艺术活动有关。所以，以形象思维为主要特征的文学对开拓人的思维极有好处。一个正确的思想，一个创造的思想，必定是逻辑思维与形象思维、科学技术思维和文学艺术思维的高度统一。当然，逻辑思维也可以有很大的创造，但是，最重要的、突破性的创造来源于形象思维。一般来讲，学理工的，多半习惯于逻辑思维，而学文学艺术的，往往习惯于形象思维。一个人能够而且应该具有这两种思维。杨叔子在《了解具体，超越具体》一文中说，思维方式是十分重要的，人与人的差异，很大程度上在于人的思维方式与思维水平的差异。他经常对学生讲，要学会如何思维。

逻辑思维和形象思维，是一个人成就事业的双翼，两者是统一的，平衡的。钱学森把文学艺术归入现代科学技术体系中，这是他的独创，说明在他看来，科学与艺术在本质上是相互贯通、相互促进、密不可分的。杨叔子也讲过类似的意思，他说："文学中有科学，音乐中有数学，漫画中有现代数学中的拓扑学。""唐诗中的名句'春潮带雨晚来急，野渡无人舟自横'，在雨急流猛之时，小舟能横在河上，这不是流体力学又是什么？'日照香炉生紫烟，遥看瀑布挂前川'，斜阳耀射瀑布，纷纷水珠映出紫光，这不是光学又是什么？'细雨鱼儿出，微风燕子斜'这幅动人的画面，不与生物学有关又与什么有关？"钱学森在强调科学思维与艺术思维必须相结合时曾说："从思维科学角度看，科学工作总是从一个猜想开始的，然后才是科学论证。换言之，科学工作是源于形象思维，终于逻辑思维。形象思维是源于艺术，所以科学工作是先艺术，后才是科学。相反，艺术工作必须对事物有个科学的认识，然后才是艺术创作。在过去，人们总是只看到后一半，所以把科学与艺术分了家，而其实是分不了家的。科学需要艺术，艺术也需要科学。"文学创作中的联想、灵感、顿悟、直觉等活动，对科学研究同样有帮助，很多著名的发明创造、科学发现都受到过这种思维方式的启发与推动。爱因斯坦就讲过，知识是有限的，而艺术开拓的想象力却是无限的。世界级建筑大师贝聿铭也讲过，对他的建筑思想影响最大的不是其他东西，而是《老子》这本书。钱学森经常强调科学家要有些艺术修养，艺术家要懂得些现代科学技术，这样才易于认清客观世界，获得新的智慧，形成创造性的思维，有惊人的创新。提起形象思维对科学研究工作的促进，钱学森深有感触。1991 年 10 月 16 日，国务院、中央军委授予钱学森"国家杰出贡献科学家"的荣誉称号和一级英雄模范奖章。在授奖仪式上钱学森发表了讲话，其中有一段是这样的："我干什么的大家知道了。蒋英（钱老的夫人）是干什么的？她是女高音歌唱家，而且是专门唱最深奥的德国古典艺术歌曲。正是她给我介绍了这些音乐艺术，这些艺术里所包含的诗情画意和对于人生的深刻的理解，使得我丰富了对世界的认识，学会了艺术的广阔思维方法。或者说，正因为我受到这些艺术方面的熏陶，所以我才能够避免死心眼，避免机械唯物论，想问题能够更宽一点，活一点"没有人文的科学是残缺的科学，而没有科学的人文也是残缺的人文。逻辑思维和形象思维，好比一条宽阔河流的两岸，而语文课程是沟通此岸与彼岸的桥。

第二章 语文教学的方法和策略

实践活动的基础条件是由实践者、实践对象、实践环境、实践手段等基本要素构成的。实践方法就是实践者根据实践环境的特点、使用实践手段、对实践对象进行加工改造时所运用的操作措施。实践策略，则是相对巧妙、更加有效的实践方法。采取实践策略时，实践活动的基本要素之间，包括实践者与实践对象之间、实践者与实践者之间、实践者与实践环境之间、实践者与实践手段之间、实践对象与实践环境之间、实践对象与实践手段之间、实践环境与实践手段之间，两两之间所构成的关系，能够实现相互协调、互相照应，实践活动便能顺利进行，实践结果才会相对有效。所以，实践策略的主导者在制订与使用实践策略时，需要协调好实践活动中各基本要素之间的关系，才能使实践策略运用自如，产生实效。

第一节 语文教学的现状与对策

一、语文教学现状

（一）教材编写已经落后过时

随着语文教材的改革，其内容版本有很多，但编写教材的传统理念还是没有得到改变，导致语文教材内容还是以传承作为主要的内容。随着我国知识社会的不断发展，激发学生对语文学习的兴趣、提高学生自主学习的能力以及对知识的求知欲具有很重要的现实意义与价值。社会的需求在不断变化，传统的教学模式与陈旧的教材内容，已经跟不上社会发展的脚步，落后的教材编写不仅对教师造成了限制性，也造成学生学习内容的局限性。学生会慢慢对课本的学习失去兴趣，甚至还会对语文课彻底失去兴趣。

（二）语文课堂教学方法过于单一

在现阶段的语文教学中，传统的教学方法主要强调学生的成绩与表现，也只关心学生有没有通过期末的考试，从不去关注学生对于语文内容掌握的实际情况。目前我国语文教学的发展历程还是很短暂的，因此，教学的模式与传授知识的方法是可以被理解的。但是，传统的教学模式会给语文教学带来实际的阻碍，给语文教学带来负面的影响。传统的教学模式总是以灌输式方法进行教学，使学生自主学习能力以及对学习的积极性大幅度下降，造成学生对语文学习失去学习的兴趣，导致学生的自主学习能力受到限制。

（三）语文教学评价机制落后

语文教学缺乏评价体系的相关制度，造成学生对自主学习以及定位不是很明确，并且还对语文教学发展产生不好的影响。很多的语文教师在拟定试卷时，未能考虑学生的具体掌握情况以及具体专业情况，考题死板，难度不当，造成考核标准缺乏实际性，也失去了教师对学生学习的考核意义。所以，语文老师对学生的评价往往都是千篇一律的。学校应该制定一个合格科学的语文考核制度，如果没有对学生的学习情况进行实质性的分析，很容易造成学生与教师之间的沟通障碍，对于学生来说是很不公平的。学生没有明确的学习目标，而老师教学的方法也出现很多缺陷，这样容易与学生失去应有的联系和沟通，造成孤立式的教学现象。

二、语文教学对策

（一）将学习意识与职业意识渗透于德育教育

在语文教学过程中，需要结合时代发展特点来实现特色性教学，语文教师可以利用生动教学情境来渗透职业知识，通过语文阅读来陶冶学生精神，通过情理交融方式来提升学生的职业认知。例如，在《离太阳最近的树》教学过程中，毕淑敏通过情理交融方式来体现出红柳不屈不挠的特性，教师可以结合工厂开设过程中需要面对的环境污染问题来鼓励学生思考，结合学生工作项目、工作特定、自然环境、社会环境等等来实现特色化、针对性教学，利用情景交融方式来培养学生职业道德。

（二）将工作效率与应变能力渗透于阅读教学

语文教学需要从解读人生、解读社会、解读生活等角度来开展教育，对培养学生正确的思想价值观念具有非常重要的作用，不仅有利于培养学生职业认识，还有利于提升语文教学效率。在语文教学过程中，需要更加关注感悟学习以及体验学习，在认知累计过程中来培养学生事物认识能力。例如，劳动版第六版语文《社会没有义务等待你成长》，本文是法学者苏力担任北京职业教育法学院院长期间，一次本科生毕业典礼上讲话稿，教学过程中，教师可以引导学生积极思考：社会和学校很不一样，结合生活实际来给学生以启示，根据学生职业生涯来促使学生有所收益。学生在表达个人感悟时，需要做好总结归纳工作，鼓励学生不断探索，积极思考，循序渐进培养学生的职业能力。

（三）将人脉意识与社交能力渗透于口语交际

作为社会生存基本需求，交际对学生未来发展具有非常重要的影响。语文的口语交际教学过程中，教师可以利用多样化方式来鼓励学生实现情感、思想以及信息等方面的沟通，利用小组合作方式、同桌合作方式、表演展示方式以及全班交流方式等来提升学生综合素质。语文教师在教学过程中可以适当渗透学生人脉意识，促使学生能够从挫折中来体味到广播人脉资源与良好社交能力的重要作用，有效满足社会性人才培养需求，同时满足实现自我价值与社会价值需求。

（四）将职业能力与学习能力渗透于习作

语文教学，需要结合社会发展需求来培养出符合社会发展需求的人才，那么实用性语文教学与基本语文知识教学至关重要。在语文教学过程中，教师可以将教学内容、教学目标同职业发展相结合。

职业院校的语文教育对国家人才培养有着重要的作用与意义，能够使学生在获得专业技能的同时，更好地发挥技术功效。在职业院校语文教育出现困境的今天，我们一定要积极进行教育改革，让其更好地适应未来人才发展的需要。

第二节 语文有效教学策略

一、正确处理语文工具性和人文性的关系

语文教学要体现职业特色，就要正确理解工具性和人文性的关系。在具体的语文教学中，教师应该思考的是怎样把人文性和工具性 好的结合起来，并充分发挥语文的人文性。许多学校围绕学生职业发展需要进行的教学改革，由于对专业的过分重视，导致片面的强调语文的工具性，认为语文课只要教学生少写错别字，能写几篇常见的应用文即可，所以在制定教学计划时，语文课就被放置在可有可无的尴尬位置，课时安排不够，教学内容安排不够,语文课变成了纯粹的应用文写作训练。有的学校甚至把语文课当作专业课的补充。其实，语文课并不是让学生简单的认识几个字，简单的写几篇应用文而已，它还需要培养学生的语文综合实践能力，为他们的就业打下良好的基础。在教学过程中，教师要引导学生接受优秀文化的熏陶，形成健全的人格、良好的个性，促进职业生涯发展。作为语文教师不能只重视其工具性，而忽视其人文性。

那么人文性和工具性在语文课里是什么关系呢？是你中有我，我中有你，水乳交融的关系。语文教学过程应该是工具性和人文性和谐统一的过程。在教学中，教师要以就业为导向，调整教学内容，有选择的将语文教学重点放在职业岗位必须的能力培养上，同时要针对专业学习与职业要求相协调。应该说这样就突出了语文教学的职业特色，虽然对于语文来说只有实现工具性才能更好当然为专业服务，但是要培养健全品格的人就不能忽视语文的人文作用。教育是为学生未来奠基的工程，教育的本质就是在为学生未来成长垫底，并促进学生全面发展。语文教学的目的是通过语文课上知识的积淀、情感的熏陶、品德的培养让学生养成良好的习惯、丰富自我内涵、塑造健全的人格，在丰富多彩的语文学习中，为今后知、情、意、行的和谐发展夯实基础。

注重职业特色的语文教学在突出工具性的同时，还应充分挖掘语文教学中所渗透的生命意识。语文课目标不仅是对学生知识、能力的培养，更重要的是育人功能。语文的每一篇课文都是有灵魂的，是有思想感情的，它的教学更多是通过语言文字进行思想的磨砺和情感的熏陶。读了老舍《我的母亲》，学生从作者对母亲的回忆和怀念中，激发自我反省的意识，联系自身实际，进一步感悟、体验亲情的无私与伟大；学会从熟悉的生活中发现真善美，学会在琐屑的平凡中体会父母的艰辛，感受那时时刻刻都紧紧地包围着我们的浓浓亲情，进而懂得如何去尊敬父母，回报父母，孝敬父母。学习《好雪片片》，从流浪老人无论境况如何都能保持善良的本性，执着的为他人送去一片温暖的优良品质上，学会给自己点一盏心灯，照亮自己的同时也给别人送去温暖和希望。

我们不能因为教育种类不同而改变语文姓"语"的本姓，在语文教学中，一方面必须注重其人文性，以人为本，引导学生感悟生命的意义，树立正确的人生观，提升他们的专业素养；另一方面，也要针对学生实际，结合专业需求，把语文的人文性和工具性有机结合起来，从专业角度出发，调动学生学习语文的积极性，使语文课富有实效。所以，我们一定要处理好工具性与人文性的关系，为学生全面发展服务。

二、正确处理语文课与专业课的关系

"文化课为专业服务"是当前职业教育教学改革的热点问题。职业教育起步之初，语文课一度作为职业教育主体课程。但随着经济发展，"并轨"制的实行，为了快速培养人才，许多学校从功利主义出发，文化课被排挤到了可有可无的边缘地带。只有找到语文课与专业课的对接点，在实施过程中正确处理这个对接点，才能体现语文教学的职业特色。语文教学突出职业特色绝不意味着语文课要"唯专业课马首是瞻"。语文教学仍是以语文课作为一门单独学科为前提的教学，语文课它不仅仅以突出职业教育职业特色，辅助专业教学培养学生专业技能，它更是一门独立的基础学科。语文学科仍然具有完整的知识体系，只不过在教学中融入了专业学科的元素，增强了向专业辐射的力度，突出了为专业服务的思想。究其根本，语文课和专业课是相辅相成的关系。语文课和专业课关系的理顺是语文学科作为独立学科的要求，也是专业学科培养专业人才的要求。

语文课要实现与专业课的对接，可以从教学内容、教学手段、评价方式等几个方面的改革来实现，这样也能突出教育的职业特色。我们可以在语文课堂上请来专业教师和语文教师一起和谐地开展教学。譬如，专业课上的专业介绍，语文老师和专业课教师就可以在课堂上共同执教，这样在一份教学时间中学生既能了解专业知识，又能学到语文口语、写作方面的知识，不仅培养了学生专业素养，也锻炼了学生语文口语与写作能力。语文教师和专业课教师还可以对学生当堂作文各有侧重地进行点评，学生在接受全面意见之后，就能很好的解决学生写作时缺乏实际内容，专业表达上缺乏文采的问题。

语文课中人文精神的熏陶和语文能力的培养对专业课的学习有着很好的促进作用，理顺语文课与专业课的关系，不必纠缠于课程地位的高低，这样才能更好地促进有职业特色的语文教学的良性发展。

三、完善教学内容

（一）根据专业特点，补充教学内容

"巧妇难为无米之炊"，只有在教学内容中增加符合专业特点的教学内容，才能突出语文教学的职业特色，才能加强培养的针对性。再优秀的教材都只不过是教学的一个骨骼，里面还需要血肉去填充。要使语文教学真正的鲜活、实用起来，还要找到专业技能与语文能力的"交汇点"，这个"交汇点"具体就是适量补充与专业学习有关的教学资料，从语文技能训练出发，兼顾各专业的不同需要，使原有教学骨架变得丰满，这样学生就会重新

审视语文课的意义，认为语文课是和专业课息息相关的有利于未来职业发展的课程。

语文教学可以根据不同专业未来职业需要补充必要的教学内容。如针对旅游专业的学生，可以把源远流长的中国历史文化、民俗文化补充到语文教学中，将提高欣赏祖国名山大川的能力作为语文能力培养的一个重要方面。对餐饮专业的学生，可以把美学知识、文化鉴赏知识融会到语文教学中，不仅强化餐饮专业意识，而且体现语文特有的美育功能。对文秘专业的学生可以加强应用写作内容的训练，可以在语文课上加强书法训练以及公关礼仪语言方面的培训。

（二）拓展课外语文活动内容

美国教育家华特·B·科勒涅斯有句名言"语文教学的外延与生活的外延相同。"根据教育的特点，语文教学应采取课内课外共同发展的形式，课内打基础，课外求发展，让学生在丰富的社会实践中锻炼自我，培养能力。

四、改革教学方法

学校语文教学要提高有效性，要为学生专业课服务，要引领学生职业生涯发展，就要变"讲授型"教学为"实践型"教学。在教学中，面对不同的专业学生，语文教学方法应该进行改革。

（一）教学方法要根据教学要求灵活多变

语文课的教学内容比较多，对学生能力的培养也呈现多层次、多方向的特点，这就要求语文课的教学方法必须灵活多样，根据教学要求采用相应的教学方法。虽然大多数语文教师认为"一言堂"、"填鸭式"教学有很大弊端，但是长期以来形成的教学习惯使积习难改，"讲授式"依旧是语文课堂上常见的教学方法。目前，新的教学方法遍地开花，有行动导向法、头脑风暴法、项目教学法、任务驱动法等等。语文教师不妨根据具体课程灵活安排教学方法，来提高教学效果。例如，在话剧《雷雨》的教学设计中，运用行动导向教学法中的角色扮演教学法、项目教学法会得到学生的普遍欢迎。首先让学生分好小组，建立以学生为中心的教学组织，以团队的形式进行学习分工，培养学生交流和协作等社会能力。同时充分发挥学生的主体作用，让学生自己去收集资料和信息，自主进行学习，自己动手掌握知识，在独立自主学习过程中学会学习。然后布置任务，让学生通过共同实施一个完整的项目工作而进行教学活动。这次课不但受到学生欢迎，而且收到了比传统教学方法好得多的效果。

（二）加强渗透专业特点实践技能训练，提高语文教学效果

在语文教学中，根据语文自身的特点与专业需要，找到与专业知识、职业能力相沟通的教学突破口，挖掘现有教材的职业元素，巧妙地将学生的相应专业知识与技能的训练纳入语文学习能力培养的轨道，实现与学生专业职业技能培养的有效接轨。

（三）以生为本，引导学生主动参与课堂教学

学生能否参与教学是提高教学有效性的关键，教师要激发学生自主学习意识，鼓励学

生在积极的情绪状态下学习,让学生在体验中学习,在参与中学习,从而满足学生学习欲望,达到 佳学习效果。

在讲授《项链》这篇课文的时候,为了让学生真正走进文本,教师可以安排课本剧表演,这样不仅充实了教学内容,也加强了悦读和深读。品读文章之后,让学生自选角色,谈谈自己对所选人物的理解。例如,选扮演玛蒂尔德的同学,能否谈一下玛蒂尔德的性格,表现玛蒂尔德接到请柬后的喜、闹、哭等,目的在于培养学生的口语及动作表达能力。学生自选之后,我会选出各个角色,其中包括编剧和导演,这就需要学生自己去改编剧本。改编剧本需要学生对人物性格了如指掌,如果他们对玛蒂尔德没有一个清晰的认识,就很难写出符合玛蒂尔德口吻的对话的,目的在于培养他们的写作即创造性复述能力。学生还要自己去寻找合适的背景音乐,这需要他们走进人物的内心世界,如玛蒂尔德自恋时的音乐和丢失项链的音乐是不一样的,目的在于培养他们理解人物及音乐鉴赏能力。剧本准备好之后,学生自己进行排练,排练的过程其实也是反复品味、阅读的过程,这是这个活动的难点与重点,它锻炼学生的自我组织与协调能力。一场成功的表演本身就是学生解读课文的好展示,它培养学生各项能力是无可替代的。表演结束后,在多种评价中有学生自我评价,让演员谈自己是否准确演绎出了自己对人物的理解,谈自己的体会与收获,谈自己的成功与失败,目的在于培养学生的自我剖析能力,让学生认清自我。

通过课本剧演练解读文学精品,不仅锻炼了学生的听、说、读、写传统能力,而且强化了思考能力、创造能力,培养了合作精神,更重要的是学生从中找到了学习兴趣,能够主动参与到学习中来,所以提高了学习主体参与的有效性,也就提高了教学得有效性。

第三节 语文教学的方法论

一、和谐调整语文教学关系的方法

语文教学活动中，最基本的"硬"要素有三个：一是语文教师；二是学生；三是语文教材。这三者之间，构成一种两两之间相互关联、相互影响的三角关系。教师与学生之间、教师与教材之间、学生与教材之间形成了教学活动的三种基本关系。教师在钻研教材的基础上引导学生学习教材，学生在教师的帮助之下学会教材内容，教材则既为教师提供教学依据也为学生提供学习凭借。语文教学方法就是教师协调这三者关系时所采用的教学措施。语文教学策略则是教师巧妙协调和有效利用这三者关系时所采用的教学方法。

语文教学活动中，必须利用的"软"要素也有三个：一是教学目的；二是教学环境；三是教学手段。这三者之间，两两之间构成的也是一种互相关联、互相影响的三角关系。教学目的与教学环境之间、教学目的与教学手段之间、教学环境与教学手段之间，既互为依存，也互为协助。教学目的的实现离不开对教学环境与教学手段的利用，教学环境既可为达到教学目的服务也可与教学手段结合起来为达到教学目的服务，教学手段则配合教学环境为实现教学目的提供保障。语文教学方法就是教师根据教学环境使用教学手段为实现教学目的而采用的教学措施。语文教学策略则是教师根据教学环境巧妙利用教学手段为有效实现教学目的而机智采用的教学方法。

语文教学活动中，三个"硬"要素与三个"软"要素之间，不仅两类要素之间又可以构成互为关联与影响的关系，而且两类要素中六个具体要素之间还可以构成两两之间互为关联与影响的关系。教师为了实现教学目的、根据教学环境、使用教学手段指导学生学习教材；学生为了达到教学目的规定的学习要求、在教师的引导下、适应教学环境、借助于教学手段来学会教材内容；为实现教学目的的服务而编写出来的教材则在教学环境中、在教学手段的帮助之下、为教师引导学生学习提供教学内容；教学手段是被教师用来整合教学环境、帮助展示教材内容、协助达到教学目的的。语文教学方法就是教师根据教学环境使用教学手段为实现指导学生学会教材内容的教学目的而采用的教学措施。语文教学策略则是教师根据教学环境巧妙利用教学手段为有效实现指导学生学会教材内容的教学目的而机智采用的教学方法。

语文教学策略里，教学目的是设定的，为前提；教学环境是一定的，为条件；教材是预定的，为基础；教学手段是选定的，为帮手；学生是特定的，为对象；教师则是决定者，为核心。语文教学策略的制订与使用，关键在语文教师，实质则在于语文教师对六个要素之间关系的有机协调，和谐调整．协调得好，效果便好；调整和谐，运用便巧。

例如，不少学生平时话很多，喜欢争论，也说得不错，不过，到了课堂上，则往往不言不语，很少举手答问，似乎老师组织的课堂讨论与自己无关，即便被老师点名回答，也是欲言又止，或者答非所问，甚至拒绝说话。这种现象的产生，固然与学生的年龄特征有关系，也可能与学生的个体性格有关系，但可以肯定的是，与老师的提问方式与思维调动方法不足以敞开学生的心扉、不足以放开学生的思路、不足以打开学生的话匣子，也是有关系的。语文老师把这种现象看在眼里、记在心上，既分析学生不愿在课堂上回答问题的心理年龄原因，也分析学生平常话多而正式场合下话少的性格原因，更寻找自身组织课堂讨论时的方法技巧原因，于是决定改进自己的提问方法、改变学生的答问要求、改换对学生回答的评价方式，以引发学生说话的欲望，激发学生答问的兴趣，开启学生答题的思路，树立学生答疑的信心，并努力让他们体验参与课堂讨论的快乐。有的老师就据此制订了语文课堂提问的"曲问策略"与"趣问策略"。

二、创新显示语文教学风格的技巧

通常情况下，不同的人干同样的事情时，或者做同一份工作时，尽管最终大家可能都会把事情办好，但是，事情的做法往往会呈现出较大的差异。为了把实践工作做好，实践者自然而然地会寻找适合自己的办法，也会拿出自己得心应手的实践策略来。这表明，实践的策略里面，是包含有实践者的个人色彩的。这种个人色彩，实际就是实践者的办事风格。家中来了贵客，中国人一般都会做一桌丰盛的饭菜来款待。不过，尽管大家的烹调方法都离不开蒸、煮、炸、炒、爆、烟、熏等，但是，有的家庭会做出七大盘八大碟摆满一桌子，有的家庭会只烹制几大盆贵客喜欢的菜肴，有的家庭则会做上几道具有家乡风味的特色菜。热情待客的效果是一样的，端上桌的菜式则各不相同，这就是风格的差异。诸葛亮使用的"草船借箭""火烧赤壁""空城计"等作战策略，也显示了他一贯的充分利用环境因素、化被动为主动、变劣势为优势的出奇制胜的个性化用计风格。

语文教学，尽管教学内容是一样的，但因为语文教师的不同，课堂也呈现出明显的差异。同样地，语文教师们创造出来的教学策略也会因为主导者的不同而不同。事实上，每一个语文教师所创造出来的教学策略，都会不经意间打上教师的个性化的烙印。

每一个语文教师都有属于自己的性格特征。性格，是个人身上区别特征最为鲜明的因素。有来自父母的性格遗传因子起作用，有后天的生活环境因素的影响，再加上个人的生活经历等因素来掺和，就造就了每个人的性格。人是多种多样的，性格也是多种多样的。人与人之间的性格差异非常鲜明。所谓"一娘生九子，九子九条心""一样米养出千号人"，说的都是人的性格差异。人的性格，会在他的一切言行之中表现出来。每一个语文教师的性格，自然也会在教学活动中表现出来。活泼的语文教师必然会采取使课堂气氛变得相对活泼的教学策略，严肃的语文教师也必然会采取使课堂气氛变得相对严肃的教学策略。或者说，语文教师的教学策略就是用来展示他的性格的。

每一个语文教师都有属于自己的见识、修养。把见识与修养放在一起，并不是说它们结合起来是同一个东西。见识是见识，修养是修养。见识，是人的学识与阅历的总和。修养,是人的习惯与涵养的总和。见识关乎人的知识面与对事情的认识度,直接影响认知水准。修养关乎人的言行方式与行为态度,直接影响行事风格。人们说话办事,既要有见识又要有修养,既能显示见识又能显示修养。语文教师都有自己的见识与修养,也需要广泛的见识与高度的修养。这些在他所采用的教学方法之中,在他所采取的教学策略之中,会自然而然地彰显出来。见识更广的语文教师,采用的教学策略会更稳健、厚实。修养更高的语文教师,采取的教学策略会更成熟、老练。反过来说,语文教学策略必然反映语文教师的见识修养。

每一个语文教师都有属于自己的特长优势。特长,指人在某方面超出常人的突出表现。在工作中将特长发挥出来就可以变为优势。所以,特长优势是一体两面的。正常人或多或少都有自己的特长,甚至有的残障人士也有自己的特长。特长是因人而异的。唱歌、跳舞、说话、发音、视力超群、听力突出、力气很大、体育很强、模仿水平很高,都可以看成特长。每一种特长都有其发挥优势的场所或空间。每一位语文教师都有自己的特长,将他的特长用于教学,便可创造出发挥其特长优势的教学方法与教学策略。于漪的情感教学策略便是得益于她的情感充沛优势与含情说话特长,魏书生的民主教学策略便是得益于他的亲切说话特长与微笑表达优势,钱梦龙的趣味教学策略便是得益于他的幽默说话特长与风趣表达优势。特长越是突出,优势越是明显。语文教师的教学策略就是需要尽情利用自己的特长,尽情发挥自己的优势。

每一个语文教师都有属于自己的教学经验。教学经验,是教师教学经历的体现,也是教师见多识广的标志,还是教师教学水平的显现。因为教学的经历不同,教师们的教学经验也存在着差异。每一个语文教师都有其独特的教学经验。这些教学经验会在他的教学过程中发挥作用,也会在他的教学策略中明确显现。初登讲台的语文教师是无教学经验可言的,所以,也难以创造出自己的教学策略;三年五载之后,有了一定的教学经验,就可以创造属于自己的教学策略了;十年八载之后,教学经验更丰富了,能够创造出来的教学策略便会更加巧妙、有效。所以,语文教师的教学策略,暗含着他的教学经验,也是充分利用了他的教学经验的结果。

每一个语文教师都有属于自己的思维、理念。思维,指人的思维方式与思维习惯。理念,指人的办事主张与行事观念。所以,思维与理念是不同的。需要指出的是,这里所说的思维,主要指的是语文教师的教学思维,这里所说的理念,也主要指的是语文教师的教学理念。人的思维方式有差异,思维习惯有不同,于是,人们看问题的角度与方式也有差异,对问题的看法与态度也有不同。人的理念有区别,于是,人的办事主张与行事观念有区别,相应地,办事效率与收效程度也有差别。因为思维方式的表现形式有异,因为思维习惯的习得过程不同,语文教师会因此而拥有属于自己的教学思维。因为所接受的教育理论熏陶不同,语文教师会因此而拥有属于自己的教学理念。他的教学策略也正是在他的教学思维影响下,并在他的教育理念基础上制订出来的。语文教学策略必然反映语文教师的教学思维,也必然体现语文教师的教学理念。

上面所罗列的性格特征、见识修养、特长优势、教学经验、思维理念五个方面的因素,综合起来就构成了语文教师的个性。在制订与使用教学策略时，语文教师充分利用、发挥、彰显、张扬自己的个性，并使自己创造的语文教学策略具有个性，既可以是有意为之的，也可以是自然而然的。如果语文教师在采取教学策略时试图努力表现出自己与众不同的个性，便是有意为之；如果语文教师在运用教学策略时没有刻意关注自己的个性却又显示了新颖独特的个性，便是自然而然的。当然，不管是有意为之，还是自然而然的显现，语文教师的个性特征最终都会以属于他自己教学风格的形式展示出来。如果说，教学策略是一种教学技巧，那么，它就是一种创新显示语文教师教学风格的技巧。

第四节　语文教学的原则

一、融合原则

融合是融化汇合，合成一体。社会主义核心价值观渗透语文教学，可以从以下几个途径开展。

（一）进教材

语文课程从阅读与欣赏、表达与交流两个方面提出教学要求。首先，教师可以合理利用阅读内容。教材中的众多文学作品蕴含着生动、丰富的社会主义核心价值观教育资源，这些资源，有的表现在文章之内，有的隐藏在写作背景、人物经历、思想主旨等文章之外。例如，《我所敬仰的蔡元培先生》，蔡先生为什么拒绝辞退陈独秀、胡适二人？引导学生探究蔡先生的办学理念——"为国家种下读书爱国革命的种子"，感受蔡先生爱国为先、勇于担当的大师风范。其次，教师要充分利用教材资源，深入挖掘各篇目中蕴含的社会主义核心价值观的思想内涵，找准切入点，使学生在潜移默化中得到社会主义核心价值观方向的指引。例如《我若为王》，我为什么不愿意做王？我做了王之后身边是些什么样的人？教师通过设置分层问题，引导学生的思维深入，理解作者的写作意图：呼唤自由、民主的公民。另外，教师可以精心开发表达与交流的资源。一切自然风光、文物古迹、风俗民情、国内外的重要事件、日常生活等都可以成为表达与交流的渠道，教师要善于捕捉这样的资源，将社会主义核心价值观教育与语文教学有机统一起来。

（二）进课堂

课堂是学校教育的主阵地，教师可以将社会主义核心价值观的教育有机融入语文课堂教学的各个环节。首先，融入教学目标，切实发挥好语文课堂教育的德育作用。例如，《归园田居五首（其一）》，教学目标可以分层设置：品味诗人笔下的田园风光，体味情景交融的意境美；学习对比手法的运用，探究诗人归隐的原因；领悟诗人的理想追求，引导学生树立坚定的人生理想。其次，融入导入环节，将社会主义核心价值观自然地融入语文课堂。再次，融入写作背景，渗透自然、人文、科学的知识，使社会主义核心价值观自然地切入课堂。例如《荷塘月色》，"这几天心里颇不宁静"，开篇点出作者的心情，为什么不宁静？不宁静的背后有什么事情？自然地引出学生对写作背景的探究，感受朱自清苦闷彷徨、追求进步，但又找不到出路的矛盾心情。最后，融入拓展环节，可以联系社会生活、生活实践，用更开阔的视野、更综合的角度使社会主义核心价值观拓展进入课堂。例如《归园田居五首（其一）》，在拓展环节可以播放国庆70周年阅兵游行的"青山绿水"方阵，引导学生

51

思考小到个人、大到国家，都在面对抉择，激发学生的爱国热情。

（三）进头脑

要使社会主义核心价值观进入学生的头脑，就要将社会主义核心价值观的内容和要求融入学生价值标准的方方面面。首先要融入学生的思想观念，在语文教学中，必须运用不同的途径和渠道、创新课堂教学方式、建立科学的评价机制，持续有效地促进学生社会主义核心价值观形成其次，要融入学生的思维方式，学生自我意识不够健全、意志力薄弱，融入学生的思想观念可能并不稳定和持久，这就要求语文教学必须进行强化社会主义核心价值观教育，尤其是引导学生运用科学的思维方式评价社会主义核心价值观。再次，要融入学生的日常行为，社会主义核心价值观教育的最终目的，是将"社会主义核心价值观内化为人们的精神追求、外化为人们的自觉行动"。只有使学生自觉地践行社会主义核心价值观，才是从根本上提升学生的社会责任感和使命感。

二、内化原则

内化是指个人将别人的或外在社会的观念、态度、价值标准等慢慢转化成自己的观念、态度、价值标准，变成内在的心理特质或人格特质的一部分。内化具有下列特征：

（一）内化的内容具有结构性

内化的内容可以分为知识内化、思想内化、道德内化。对社会主义核心价值观而言，知识内化是把社会主义核心价值观的知识体系、基本要点和准则要求经过学生的吸收，理解转化为个人的认知结构。例如《警察与赞美诗》，警察的职责是什么？为什么社会需要监狱？让学生理解"自由"的内涵。思想内化是把社会主义核心价值观的思维方式、价值取向和理想信念等经过情感熏陶教育，使学生达成思想认同。

（二）内化的过程呈螺旋式上升发展

青少年对社会主义核心价值观的内化是一个社会思想和个体思想在同化、顺应交互作用中最终达到平衡的过程。内化就是一个量与质不断转变，量质互相转化中达到新的平衡的循环。它可以使青少年学生对社会主义核心价值观的认知更加丰富和深化，以此循环往复，实现青少年学生个体生命价值的提升。以江曾棋的《多年父子成兄弟》的教学设计为例。用"民主"这一话题导入：什么是民主？你觉得怎样才能做到民主？使"民主"开门见山地进入教学内容。在理解文本内容的基础上，可以继续挖掘：文中两对父子的相通之处是什么？他们怎么处理家庭关系？从中你受到什么启发？引导青少年学生对"民主"的理解完成由内容到思想的提升，进一步拓展升华：父母在家里抱怨你玩手机，你如何处理？用生活情境，引导学生思考维护"民主"的家庭氛围，需要怎么去做？将内在的思想情感习得转化为外在的行动、活教、活学、活用，实现社会主义核心价值观的升华教学。

三、人本原则

人本原则，即以人为核心，以人的权利为根本，强调人的主观能动性。社会主义核心价值观渗透语文教学贯彻人本原则，不仅是指方法上以人为本，也要创造出以人为本的条件，使学生心情愉悦、自觉自厢地完成对社会主义核心价值观内容、思想、行为准则的接受与践行。贯彻人本原则包括以下几个方面：

(一) 尊重学生

中学阶段的学生正值青春期，自尊心强，尊重和自我实现需求强烈，但自我控制能力较弱。这就要求教师用全面发展的观点看待他们，保护他们的自尊心，用赏识教育及时肯定他们的进步，并不断帮助他们固化，激发他们学习的主动性。只有教师善于把握教育契机，运用包容、尊重、鼓励的眼光看待学生，将他们的主动性挖掘和保护，他们对社会主义核心价值观的内容和要求才能是发自内心的认同，才能外化为行动。

(二) 创设氛围

良好的氛围能潜移默化地影响学生的情感、思维、行为、习惯。当前是多元思想文化并存，信息爆炸的时代，各种观念的碰撞、交融、冲击极易导致青春期学生价值观的混乱。社会主义核心价值观教育更加需要在充满正能量、积极向上的氛围中进行。在教学中，教师可以结合教学内容，利用拓展，进行积极引导，尤其是学生身边的正能量事件，更加具有说服力。

人的道德观念和道德行为，是个体在人格成长过程中经由社会化的历程逐渐发展而成六社会主义核心价值观渗透语文教学，既需要教师以科学的态度、恰当的方法、专业的学识发掘社会主义核心价值观教育的载体，与语文教学进行合理建构，更要用易于被学生接受的，充满关爱、平等、尊重的教育方式，调动学生的积极性，发挥学生的主动性，在潜移默化中培养学生的社会责任感、使命感。

第三章 语文学习技巧研究

第一节　议论文学习技巧

一、论点

议论文是指以议论说理为主的文章。它属于论说文的一种，通过列举事实及理论材料，运用逻辑推理的手法，表明对问题的态度和观点。

一篇议论文包括论点、论据、论证三要素。论点是议论文中要阐明的思想观点；论据是议论文中用来确立论点的根据；论证是对议论文中论点与论据之间逻辑联系的揭示，是作者运用论据来证明自己论点的过程。

论点是作者的观点或主张。论点的提出要有充足的理由和事实作为依据。一篇议论文一般只有一个论点，叫做中心论点或基本论点。有的议论文为了把复杂的内容论述得严密，把道理讲得全面，需要将中心论点分成几点或者几个方面来论述，提出一些补充中心论点的从属论点，这叫做分论点。论点可以根据文章的需要，安排在议论文中的任意位置。有的开篇就摆出论点；有的安排在文章的结尾；有的放在文章的中间。还有不少文章的标题本身就是论点，例如《论快乐》。

写作议论文时，论点的确立首先应该是正确的，论点要基于客观事实，而这又取决于作者的立场、观点、态度是否正确；其次论点要具有鲜明性与新颖性，论点必须旗帜鲜明地表明作者的主张和倾向，不可模棱两可；最后论点必须是集中一致的，一篇议论文中不能并列几个中心论点。

二、论据

论据是证明论点的依据。一篇议论文如果只有论点而没有论据，是无法说服人的，也是经不起推敲的，必须有适当的材料作为支持论点的依据。

论据一般可以分为事实论据和理论论据。事实论据是对客观事物真实的描述和概括，具有直接现实性，因此这种论据在文章中最有说服力。事实性论据包括个别事例、概括性事例和各种数据等。例如，鲁迅的《灯下漫笔》，用古今中外大量的历史资料有力地论证了自己的观点。理论依据包括经典著作、科学道理、定律、公理、法规、名人名言等材料。这些材料大多经过实践检验，反映了自然界和社会的规律，具有可靠性、权威性的特征。例如，钱锺书在《论快乐》中就运用了穆勒的名言进行论证。

在选择和使用论据上，要做到选用的论据材料真实准确，具有可靠性；还要注意论据与论点的统一性。事实论据与理论论据的结合使用，可以使文章更有说服力。

三、论证

论证是运用论据证明论点的过程。论证的目的在于揭示论点和论据之间的内在逻辑关系。

议论文的论证方式一般分为立论和驳论两大类型。立论是对一定的事件或问题从正面阐述作者的见解和主张的论证方法。表明自己的态度时，要注意这些看法和主张必须是经过认真的思考或者一定的实践的，确实是自己所独有的正确的认识和见解，或者是切实能解决实际问题的主张。同时还要保证这些主张是围绕所论述的问题和中心论点来进行论证的。开头提出怎样的问题，结尾要归结到这一问题。在论证过程中，不能离题万里，任意发挥，或者任意变换论题。

驳论是以有力的论据反驳别人错误论点的论证方式。驳论有三种方法：反驳论点、反驳论据、反驳论证。由于议论文是由论点、论据、论证三部分有机构成的，因此驳倒了论据或论证，也就否定了论点，与直接反驳论点具有同样的效果。一篇驳论文可以几种反驳方式结合起来使用，以加强反驳的力量和说服力。

不论是立论还是驳论，都需要运用一定的论证方法，基本的论证方法有以下几种。

1. 归纳法

归纳论证是一种由个别到一般的论证方法。它通过归纳许多个别事件的共有特征，从而得出一般性的结论。

2. 演绎法

演绎论证是以事物的一般规律和方法为依据，由一般到个别的论证方法。它由一般原理出发，推导出关于个别情况的结论。

3. 比较法

比较论证是一种由个别到个别的论证方法，通常分为类比法和对比法两类。类比法是通过把性质、特点相同或相近的事物加以比较从而证明论点的一种方法；而对比法则是将相反的事物放在一起加以比较从而证明论点。

4．喻证法

比喻论证是用人们熟知的事物作比喻来证明论点的论证方法。作者以某个故事或者某种生活现象做比喻，让读者从中领悟一定的道理。这种方法可以将抽象的道理讲得生动形象，所以被广泛应用于论证中。

5．反证法

反证论证，就是作者并不直接指出对方论点的谬误，而是通过建立起一个与对方论点相对的新论点，经过充分论证使这一新论点得到证实，那么与之相对的论点就不攻自破了。

以上几种常用的论证方法，在一篇议论文中可以只侧重使用其中一种，也可以几种方法结合起来运用。但是，选择什么论证方法，要根据论证的实际需要来决定，这样才能有力地论证观点，使文章更具说服力。

第二节　记叙文学习技巧

记叙文是指记人、叙事、写景、状物的文章，它属于散文文体中的一类基础文体，应用广泛、数量最多、写作形式灵活多样。记叙文不同于抒情散文和议论散文之处，在于它以叙述、描写为主，又兼用抒情、议论、说明等多种手法。

记叙文具有以下几个特点：

一、记叙文取材广泛，以小见大地反映现实生活

记叙文取材广泛，立足于现实，可以选取生活中各个方面的题材，大到时代的风尚、潮流、社会的动态，小到日常生活琐事；既可以写景状物，也可以记人记事。记叙文虽然也是以叙述为主要表达方式的文体，但它不同于小说和戏剧全方位地描写生活。记叙文限于篇幅的问题，它擅长于写小题材，如从生活中一些零散的片段、小事来挖掘其深刻的社会内容。如朱自清的《背影》就是通过选取平凡的生活小事来反映现实，表达作家对生活中的人、事、物的具体感受。

二、记叙文反映现实生活具有相对的"完整性"

记叙文是以叙述为主要表达方式的文体，叙述本身是要清楚地向读者交代人物的经历和事情的发展过程。因此无论是记人记事，还是写景状物，一般都要将时间、地点、人物、事件起因、经过和结果六要素交代清楚。否则文章就不完整，没有条理性。叙述的方式多种多样，有顺叙、倒叙、插叙、平叙和补叙。叙述本身要线索清楚、详略得当，有变化和波澜。

三、记叙文在记述事件和反映现实生活时要选择某个观察点和叙述角度。

无论用第一人称"我"，还是第三人称"他"来记述，人称通篇都要一致。一般的记叙文大都使用第一人称"我"来记述，这样便于直接叙述"我"的所思、所想、所做、所忆、所见、所闻。第一人称"我"既是主人公、参与者、目击者，也是叙述者、抒情者和议论者，这多重身份可以给读者创造一种真实感和亲切感。

由于记述和描写的对象的不同，记叙文又可以细分为三类：

1. 以写人为主的记叙文

以写人为主的记叙文，是以人为主要记述对象的。它通过对作者生活中所熟悉和了解的真人真事的记述，通过对人物的生活片段和思想性格特点的叙述，来表现文章的主题和

意旨。写人的记叙文往往着重刻画人物的肖像、言行、心理和行为，记述人物的生平和事迹，其目的是为了突出表现人物的思想与性格特点。因此在写法上，写人的记叙文特点之一是通过写事来写人，作者可以选择一两件有利于表现人物性格的日常生活小事来揭示人物的思想、品行。如柳宗元的《种树郭橐驼传》在写法上就通过郭橐驼种树中的细节小事来表现他的思想性格。特点之二是要善于在矛盾冲突中刻画人物的性格。如《左传》中的《郑伯克段于鄢》就是将各色人物置于郑国王室内部争权的斗争中来刻画不同人物的性格。特点之三是通过人物之间的对照与映衬的方法来表现人物的个性。如韩愈的《张中W传后叙》一文就是通过正面人物和反面人物之间的相互对照与映衬来表现人物的性格和品行。

2. 以叙事为主的记叙文

以叙事为主的记叙文，是以叙述事件为主要内容的。这类记叙文不是不写人，而是以叙述事件的经过为主要线索。叙事的记叙文是以事来反映现实生活，表达作者所思、所想、所感、所念的。因此在写法上，这类记叙文特点之一是叙述的线索要清楚，交代要明白。要将时间、地点、人物、事件、原因和结果六要素交代清楚。交代事件的来龙去脉过程，不是简单地实录一件事，而需在文章的开头、中间和结尾部分注意详略安排。如《郑伯克段于鄢》就是一篇记事的记叙文。它在叙述春秋初年郑国最高统治阶级内部的一场为争夺王位的权力斗争时，叙事线索十分清楚。文章开头简单交代了故事的缘起，中间部分详写了郑庄公即位后所面临的棘手的局面。生母姜氏厌恶他，偏袒次子共叔段，幕后支持次子阴谋篡权。而共叔段得寸进尺，不断扩张势力，为攻打郑国作准备。而庄公则不动声色，暗中等待时机成熟，以便果断出击。后半部分交代了这场权力斗争的结果，即共叔段篡权失败后出奔共国，姜氏被软禁。为了使情节发展有变化和波澜，文章还在结尾处插叙了颍考叔的孝行对郑庄公的感化，从而使庄公与生母姜氏和好。文章叙述不仅脉络清晰，而且详略得当，有变化，有起伏。特点之二是叙述要围绕中心线索来写。叙事的记叙文不可能只写一件事，有时要写几件事。叙述的头绪繁多，但叙述者须找到恰当的中心线索来串联若干个分散的事件，使这些事件之间有着内在的逻辑联系。如巴金的《爱尔克的灯光》就是通过灯光来串联全文的情节线索。特点之三是选择合理的记叙顺序。记叙顺序可以按照时间的先后、年月顺序来叙述事件的始末，也可以采取倒叙和插叙的方式。只不过叙述时间的安排取决于写作的目的。合理的记叙顺序既决定文章的基本结构也体现作者写作目的。

3. 以写景为主的记叙文

以写景为主的记叙文是把景物作为主要记叙、描写的对象。在这类散文中，景物是主角，成为文章的中心。作者写景的目的往往是借景抒情。一般的游记属于这类记叙文的范畴，它主要以名胜古迹、自然风光为主要描写对象。在写法上，这类记叙文特点之一是要熟悉所描述的景物，要抓住景物的特点。如郁达夫在《故都的秋》中对南、北方秋色特征的描写就体现了这一特点。特点之二是要善于变换手法，描写要逼真生动，写出景物的魅力。如冰心在《往事（一之十四）》中对"大海"的描写就常变换手法，用拟人化的手法来描写海的女神的魅力，还写出了海在不同气候条件下所呈现出的不同面貌。

第三节　诗词曲赋的答题技巧

一、诗歌

知识诗歌是一种大的文学样式，它要求高度、集中地概括：反映社会生活，饱含着丰富的思想感情和想象，语言精练而形象性强，并具有一定的节奏韵律，一般分行排列，它在各种文学体裁中出现得最早。诗歌按照有无故事情节分为叙事诗和抒情诗，按照语言有无格律分为格律诗和自由诗，按照有无押韵分为有韵诗和无韵诗，按照对事物的观察和体验分为哲理诗和抒情诗。

诗歌，现代汉语释为一种抒情言志的文学体裁。"诗者，志之所之也。在心为志，发言为诗。"诗者，吟咏性情也。中国古代称不合乐的为诗，合乐的为歌，现代统称为诗歌。

（一）诗歌的基本特点

诗歌语言凝练而形象性强，具有鲜明的节奏，和谐的音韵，富于音乐美，语句一般分行排列，注重结构形式的美。

诗歌是一种最集中地反映社会生活的文学样式，它饱含着丰富的想象和感情，常常以直接抒情的方式来表现主题，而且在精练与和谐的程度上，特别是在节奏的鲜明上，它的语言有别于散文。这个定义性的说明，概括了诗歌的几个基本特点：第一，高度集中、概括地反映生活；第二，抒情言志，饱含丰富的思想感情；第三，丰富的想象、联想和幻想；第四，语言具有音乐美。

（二）诗歌的表现手法

1．传统表现手法

诗歌的表现手法很多，我国最早流行而至今仍常使用的传统表现手法有"赋、比、兴"。《毛诗序》说："故诗有六义焉：一曰风，二曰赋，三曰比，四曰兴，五曰雅，六曰颂。"这"六义"中，"风、雅、颂"是指《诗经》的诗篇种类，"赋、比、兴"就是诗中的表现手法。

（1）赋。

赋是直接陈述事物的表现手法。宋代学者朱熹在《诗集传》的注释中说："赋者，敷陈其事而直言之者也。"

（2）比。

比是用比喻的方法描绘事物，表达思想感情。刘勰在《文心雕龙·比兴》中说："且何谓为比也？盖写物以附意，扬言以切事者也。"朱熹说："比者，以彼物比此物也。"

（3）兴。

兴是托物起兴，即借某一事物开头来引起正题要描述的事物和表现思想感情的写法。唐代孔颖达在《毛诗正义》中说："兴者，起也。取譬引类，起发己心，诗文诸举草木鸟兽以见意者，皆兴辞也。"朱熹更明确地指出："兴者，先言他物以引起所咏之辞也。"如《诗经》中的《关雎》《桃夭》等篇就采用了"兴"的表现手法。这三种表现手法，一直流传下来，常常综合运用，互相补充，对历代诗歌创作都有很大的影响。

2.塑造形象手法

诗歌的表现手法还有很多，而且历代以来不断地发展创造，运用也灵活多变，夸张、复沓、重叠、跳跃，等等，难以尽述。但是各种方法都离不开想象，丰富的想象既是诗歌的一大特点，也是诗歌最重要的一种表现手法。在诗歌中，还有一种重要的表现手法是象征。象征，简单说就是"以象征义"，但在现代诗歌中，象征则又表现为心灵的直接意象，这是应予以注意的。用现代的观点来说，诗歌塑造形象的手法，主要有三种。

（1）比拟

刘把在《文心雕龙》一书中说，比拟就是"或喻于声，或方于貌，或拟于心，或譬于事"。这些在我们前面列举的诗词中，便有许多例证。比拟中还有一种常用的手法，就是"拟人化"：以物拟人，或以人拟物。前者如徐志摩的《再别康桥》：轻轻的我走了 / 正如我轻轻的来 / 我轻轻的招手 / 作别西天的云彩 / 那河畔的金柳 / 是夕阳中的新娘 / 波光里的艳影 / 在我的心头荡漾。把"云彩""金柳"都当作人来看待。后者如洛夫的《因为风的缘故》：……我的心意 / 则明亮亦如你窗前的烛光 / 稍有暧昧之处 / 势所难免 / 因为风的缘故 /……以整生的爱 / 点燃一盏灯 / 我是火 / 随时可能熄灭 / 因为风的缘故。把"我的心"比拟为烛光，把"我"比作灯火。当然，归根结底，实质还是"拟人"。

（2）夸张

夸张，即把所要描绘的事物放大，好像电影里的"大写""特写"镜头，以引起读者的重视和联想。李白的"桃花潭水深千尺，不及汪伦送我情"（《赠汪伦》）、"飞流直下三千尺，疑是银河落九天"（《望庐山瀑布》），其中"深千尺""三千尺"，虽然并非事实真相，但他所塑造的形象，却生动地刻画了事物的特征，表达了诗人的激情，读者不但能够接受，而且能信服。然而这种夸张，必须是艺术的、美的，不能过于荒诞，或太实、太俗。例如，有一首描写棉花丰收的诗："一朵棉花打个包 / 压得卡车头儿翘 / 头儿翘 / 三尺高 / 好像一门高射炮。"读后，反而使人觉得不真实，产生不出美的感觉。

（3）借代

借代，即借此事物代替彼事物。它与比拟有相似之处，但又有所不同，不同之处在于：比拟一般来说比的和被比的事物都是具体的、可见的；而借代却是一方具体，另一方较为抽象，在具体与抽象之间架起桥梁，使诗歌的形象更为鲜明、突出，以引发读者的联想。这也就是艾青所说的"给思想以翅膀，给感情以衣裳，给声音以彩色，使流逝变幻者凝形"。塑造诗歌形象，不仅可以运用视角所摄取的素材去描绘画面，还可以运用听觉、触觉等感官所获得的素材，从多方面去体现形象，做到有声有色，生动新颖。

（三）诗体分类

汉魏六朝诗，一般称为古诗，其中包括汉魏乐府古词、南北朝乐府民歌，以及这个时期的文人诗。乐府本是官署的名称。乐府歌辞是由乐府机关采集，并为它配上乐谱，以便歌唱的。《文心雕龙·乐府》篇说："凡乐辞曰诗，诗声曰歌。"由此可以看出诗、歌、乐府这三个概念之间的关系：诗指的是诗人所作的歌辞，歌指的是和诗相配合的乐曲，乐府则兼指二者而言。后来袭用乐府旧题或模仿乐府体裁写的作品，虽然没有配乐，也可称为乐府。

唐以后的诗体，从格律上看，大致可分为近体诗和古体诗两类。近体诗又叫今体诗，它有一定的格律。古体诗一般又叫古风，这是依照古诗的特点写的，形式比较自由，不受格律的束缚。

二、词的知识

词，是中国古代诗歌的一种。它始于南梁，形成于唐代，五代十国后开始兴盛，至宋代达到顶峰。词在形式上的特点是："调有定格，句有阒。"据《旧唐书》上记载："自开元（唐玄宗年号）以来，歌者杂用胡夷里巷之曲。"由于音乐的广泛流传，当时的都市里有很多以演唱为生的优伶乐师，根据唱词和音乐节拍配合的需要，创作或改编出一些长短句参差的曲词，这便是最早的词了。从敦煌曲子词中也能够看出，民间产生的词比出自文人之笔的词要早几十年。词的流派主要有两种：婉约派和豪放派。

（一）词的起源与发展

词是一种抒情诗体，是可以配合音乐来歌唱的诗，是唐宋时代主要的文学形式之一。唐宋词是中国文学发展的新阶段，是唐宋文学的一个光辉成就。

唐宋词和前代的乐府诗有着历史的继承关系，但在内容、形式、风格以及表现手法等方面又有着显著的差别。它不是直接从前代的乐府诗中产生与发展起来的。它完全是当时一种新兴的诗歌，在各方面保有自己的特点，并在发展过程中形成了自己独立的风格。它在音乐上与前代的乐府诗属于不同的系统。

文人词在初唐时已偶有所作，如沈佺期作《回波乐》，唐玄宗作《好时光》，张志和作《渔歌子》，戴叔伦作《转应曲》，韦应物作《调笑》等。但那时词体还初由民间转到文人手中，所以创作极少。到了中唐，白居易、刘禹锡"依曲拍为句"，作了《忆江南》等调，不少诗人亦间或作词，词开始在文学创作中占了一席地位，并且有了一些较为优秀的作品。

（二）词的特点

每首词都有一个表示音乐性的词调。一般来说，词调并不是词的题目，仅只能把它当作词谱看待。到了宋代，有些词人为了表明词意，常在词调下面另加题目，而词牌与题目用"·"隔开，或者还写上一段小序。各个词调都是"调有定句，句有定字，字有定声"，并且各不相同。

词一般都分两段（叫作上下片或上下阕），极少有不分段或分两阕（片）以上的。分片是由于乐谱的规定，因为音乐已经唱完了一遍。片与片之间的关系，在音乐上是暂时休止而非全曲终了。一首词分成数片，就是由几段音乐合成完整的一曲。

一般词调的字数和句子的长短都是固定的，有一定的格式（一般上下阕或上下片像对联一样相对）。词的句式参差不齐，基本上是长短句，长短句也是词的别称。

词中声韵的规定特别严格，用字要分平仄，每个词调的平仄都有所规定，各不相同。

词有时会不符合上述规律，因为早期是和着曲子写的，所以它最注重的还是与曲的配合。

一般按字数将词分为小令、中调和长调三种，其中 58 字以内为小令，59~90 字为中调；长调 91 字以上，最长的词达 240 字。

词的字声组织基本上和近体诗相近似，但变化很多，而且有些词调还须分辨四声和阴阳。作词要审音用字，以文字的声调来配合乐谱的声调，以求协律和好听。

（三）词牌

词牌，就是词的格式的名称。词的格式和律诗的格式截然不同。律诗只有四种格式，而词则总共有 1000 多种格式（这些格式称为词谱）。人们不好把它们称为第一式、第二式等，所以给它们起了一些名字，这些名字就是词牌。在正常情况下，一种格式就是一个词牌。但是由于同一种格式有时有若干个变体，所以有几种格式合用一个词牌的，有时候，同一种格式又有几个名称。因为各首词的词题不同，所以词牌后面一般有词题。

关于词牌的来源，一般有下面的三种情况。

1. 本来是乐曲的名称

例如《菩萨蛮》，据说是由于唐代大中初年，女蛮国进贡，她们梳着高髻，戴着金冠，满身缨路（身上佩挂的珠宝），像菩萨。当时教坊因此谱成《菩萨蛮曲》。据说唐宣宗爱唱《菩萨蛮》词，可见是当时风行一时的曲子。《西江月》《风入松》《蝶恋花》《钗头凤》等，都是属于这一类的。这些都是来自民间的曲调。

2. 摘取一首词中的几个字作为词牌

例如《忆秦娥》，因为依照这种格式写出的最初一首词开头两句是"箫声咽，秦娥梦断秦楼月"，所以词牌就叫《忆秦娥》，又叫《秦楼月》。《忆江南》本名《望江南》，又名《谢秋娘》，但因白居易有一首咏"江南好"的词，最后一句是"能不忆江南"，所以词牌又叫《忆江南》。《如梦令》原名《忆仙姿》，改名《如梦令》，这是因为后唐庄宗所写的《忆仙姿》中有"如梦，如梦，残月落花烟重"等句。

3. 本来就是词的题目

《踏歌词》咏的是舞蹈，《舞马词》咏的是舞马，《渔歌子》咏的是打鱼，《浪淘沙》咏的是浪淘沙，《抛球乐》咏的是抛绣球，《更漏子》咏的是夜。这种情况是最普遍的。凡是词牌下面注明"本意"的，就是说，词牌同时也是词题，不另设题目了。

但是，绝大多数的词都不是用"本意"的，因此，词牌之外还有词题。

（四）词派

词分为婉约派、豪放派两大类。婉约派的代表人物：李煌、晏殊、柳永、秦观、周邦彦、吴文英、李清照、晏几道、姜夔等。豪放派的代表人物：苏轼、辛弃疾、岳飞、陈亮、陆游等。明代徐师把词的形式概括为："调有定格，句有定数，字有定声。"婉约派的风格特点：婉约，婉转含蓄。婉约词派的内容侧重儿女情长，结构深细填密，重视音律谐婉，语言圆润，清新绮丽，具有一种柔婉之美，内容比较狭窄。豪放词派的风格特点是气魄大而无所拘束。

三、元曲知识

曲是中华民族灿烂文化宝库中的一朵奇葩，它在思想内容和艺术成就上都体现了独有的特色，和唐诗、宋词鼎足并举，成为中国文学史上三座重要的里程碑。

元代是元曲的鼎盛时期。一般来说，元杂剧和散曲合称为元曲，两者都采用北曲为演唱形式，是元代文学主体。不过，元杂剧的成就和影响远远超过散曲，因此也有人以"元曲"单指杂剧，元曲也即"元代戏曲"。

元曲，虽有定格，但并不死板，允许在定格中加衬字，部分曲牌还可增句，押韵上允许平仄通押，与律诗绝句和宋词相比，有较大的灵活性。同一首"曲牌"的两首曲有时字数不一样，就是这个缘故（同一曲牌中，字数最少的一首为标准定格）。

继唐诗、宋词之后蔚为一代文学之胜的元曲有着它独特的魅力。一方面，元曲继承了诗词的清丽婉转。另一方面，元代社会使读书人位于"八娼九儒十丐"的地位，政治专权，社会黑暗，因而使元曲放射出极为夺目的战斗的光彩，透出反抗的情绪；其锋芒直指社会弊端，直斥"不读书最高，不识字最好，不晓事倒有人夸俏"的社会，直指"人皆嫌命窄，谁不见钱亲"的世风。元曲中描写爱情的作品也比历代诗词来得泼辣、大胆。这些均足以使元曲永葆其艺术魅力。

（一）元曲组成

元曲的组成，包括两类文体：一是包括小令、带过曲和套数的散曲；二是由套数组成的曲文，间杂以宾白和科范，专为舞台上演出的杂剧。"散曲"是和"剧曲"相对存在的。剧曲是用于表演的剧本，写各种角色的唱词、道白、动作等；散曲则只是用作清唱的歌词。从形式上看，散曲和词很相近，不过在语言上，词要典雅含蓄，而散曲要通俗活泼；在格律上，词的要求严格，而散曲就更自由些。散曲从体式上分两类："小令"和"散套"。小令又叫叶儿，体制短小，通常只是一支独立的曲子（少数包含两三支曲子）。散套则由多支曲子组成，而且要求始终用一个韵。散曲的曲牌也有各式各样的名称，如《叨叨令》《刮地风》《喜春来》《山坡羊》《红绣鞋》之类，这些名称多很俚俗，这也说明散曲比词更接近民歌。元曲以其作品揭露现实，题材广泛、语言通俗、形式活泼、风格清新、描绘生动、手法多变，在中国古代文学艺苑中绽放出璀璨夺目的异彩。

（二）元曲特点

元曲三要素：唱（唱词）、科（动作）、白（对白）。

元曲兴起并代表这一时期文学的最高成就，就其本身而言则是由于元曲确立并完善了体制形式，曲的体制具体表现为以下六个方面。

1. 宫调

宫调是指中国古代音乐的调式，曲与宫调出于隋唐燕乐，南北曲常用的有五宫四调，通称九宫或南北九宫，包括有正宫、中吕宫、南吕宫、仙吕宫、黄钟宫（五宫）、大面调、双调、商调、越调（四调）。曲的每一个宫调都有各自的风格，或伤悲或雄壮，或缠绵或沉重。元曲中的戏曲套数和散曲套数，是由两支以同一宫调的不同曲牌相连而成。

2. 曲牌

曲牌俗称"曲子"，是对各种曲调的泛称，各有专名，如《点绛唇》《山坡羊》等，总数很多。元代北曲共335个，每一个曲牌都有一定的曲调、唱法，同时也规定了该曲的字数、句法、平仄等，据此可以填写新曲词。曲牌大都来自民间，一部分由词发展而来，故曲牌名也有和词牌名相同的，但是内容并不完全一致。此外，还有专供演奏的曲牌，但大多只有曲调而无曲词。

3. 曲韵

元曲在押韵方面严守《中原音韵》十九部的要求而分平、上、去，用韵上有以下特点：平仄通押，不避重韵，一韵到底，借韵、暗韵、赘韵、失韵。

4. 平仄

元曲在用字的平仄上比诗词更严，而特别注重每首末句的平仄。

5. 对仗

元曲的对仗要求比较自由，可平仄相对，也可平声相对，即平声对平声，仄声对仄声。曲对仗形式有"两字对""首尾对""衬字对"等13种，在语言的运用和词序组合上有许多特点，主要表现在：有工对也有宽对，但宽对的现象更普遍；句中自为对；错综成对或倒字为对，如"忠臣不怕死，怕死不忠臣"；以俗语人对。

6. 衬字

曲与词最显著的区别是有无衬字，有衬字的是曲，没有衬字的是词。所谓"衬字"指的是在曲律规定必需的字数之外所增加的字，它不受音韵、平仄、句式等曲律的限制，衬字一般用于句首。

元曲作家中留有姓名、曲作的共220多人，流传至今的作品有4500多首（套、部），其中小令3800多首（含带过曲），套数470余套，杂剧16.余部（本）。在众多作家中，对元曲的形成作出开创性贡献的是元好问，他生于金元战乱之际，是名冠金元两代诗坛的巨星。他的作品清润疏俊，迥出时作，对元曲创作起着统领、规范的作用。

四、赋的知识

赋是我国古代的一种文体，介于诗和散文之间，类似于后世的散文诗。它讲究文采、韵律，兼具诗歌和散文的性质。其特点是"铺采摛文，体物写志"，侧重于写景，借景抒情。最早出现于诸子散文中，叫"短赋"；以屈原为代表的"骚体"是诗向赋的过渡，叫"骚赋"；汉代正式确立了赋的体例，称为"辞赋"；魏晋以后，日益向骈文方向发展，叫"骈赋"；唐代又由骈体转人律体叫"律赋"；宋代以散文形式写赋，称为"文赋"。著名的赋有：杜牧的《阿房宫赋》、欧阳修的《秋声赋》、苏轼的《前赤壁赋》等。

（一）赋与诗、文的关系

赋是介于诗、文之间的边缘文体，在两者之间，赋又更近于诗体。从汉至唐初这段时期，赋近于诗而远于文，从主题上看，楚辞体作品主题较为单一，多为"悲士不遇"。而其形式也比较固定，都是仿效屈原作品体式，像屈原那样书写自己的不幸与愁思。屈原的《招魂》，全篇的铺张夸饰，对汉大赋的影响不言而喻。赋自诞生之日便带有浓厚的文人气息，受楚辞影响极深。骚体赋，多采用楚辞的"香草美人"的比兴手法，也常继用楚辞的"引类譬喻"的手法。

赋与诗的盘根错节，互相影响从"赋"的形成就已开始。到了魏晋南北朝时，更出现了诗、赋合流的现象。但诗与赋毕竟是两种文体，一般来说，诗大多为情而造文，而赋却常常为文而造情。诗以抒发情感为重，赋则以叙事状物为主。清人刘熙载说："赋别于诗者，诗辞情少而声情多，赋声情少而辞情多。"

（二）汉赋的体式

汉赋继承了《楚辞》形式上一些特点，讲究文采、韵律和节奏，又吸收了战国纵横家铺张的手法，内容上着力"体物"，也注意到"写志"，即通过摹写事物来抒发情志。此外，赋趋于散文化，常使用排比、对偶的整齐句法，既自由又严谨，兼具诗歌和散文的性质。赋可分为骚体赋、汉大赋和抒情小赋。从赋的结构、语言方面看，散体、一七体、设论体及唐代文体赋都比较接近于散文，有的完全可归于散文的范畴。赋的似诗似文的特征，与现代文学中的散文诗有些相像。骚体赋是赋体文学兴盛的开端，它继承了楚辞的特点，依旧使用"兮"字，枚乘的《七发》奠定了赋体文学的基础。汉大赋产生于汉高祖到汉武帝登基之前，是赋体文学的发展时期，这段时间的赋体文学风格以雄大壮阔为主，因而又被称为"散体大赋"，代表作品有司马相如的《上林赋》。

（三）赋的特点

语句上以四、六字句为主，句式错落有致并追求骈偶；语音上要求声律谐协；文辞上讲究藻饰和用典；内容上侧重于写景，借景抒情。排偶和藻饰是汉赋的一大特征。经历长期的演变过程，发展到中唐，在古文运动的影响下，又出现了散文化的趋势，不讲骈偶、音律，句式参差，押韵也比较自由且形成散文式的清新流畅的气势，叫作"文赋"。

第四节 小说与戏剧学习技巧

一、小说

小说是以塑造人物形象为中心，通过完整的故事情节和具体的环境描写来反映社会生活的一种文学体裁。

（一）小说的基本特征

（1）能够多方面细致地刻画人物，塑造有血有肉、生动感人的人物形象。

（2）能够表现更为完整、更为复杂的故事情节。

（3）能够具体地描绘各种复杂的环境。

人物形象、故事情节、环境是小说的三要素。

人物形象是小说的主要构成要素，是作者用现实生活中的不同人物原型提炼加工而成的，所以小说中的"我"不能看成是作者，它只表示小说是以第一人称来叙述的。塑造人物形象是小说反映社会现实的主要手段。

故事情节一般分为开端、发展、高潮、结局四个部分，有时为了介绍人物和背景在开头加上"序幕"，为了深化、升华主题在结尾加上"尾声"。故事情节无论如何安排，总要为塑造人物形象服务。

环境包括社会环境和自然环境，作用是衬托人物，渲染气氛，给情节的发展提供背景和场所。描写社会环境，可以交代时代背景、社会习俗、思想观念和人与人之间的关系。描写自然环境（包括人物活动的地点、季节、气候、时间以及场景等）是为了表现人物的身份、地位、性格，表达人物的心情，渲染气氛等。

（二）小说的分类

小说按其人物的多少、篇幅的长短，可分为长篇、中篇、短篇、微型等几种；按其题材，可分为历史小说、科幻小说、言情小说等几种；按其体例分为章回体小说、日记体小说、书信体小说、自传体小说等；按其表现手法，可分为现实主义小说、浪漫主义小说、革命现实小说等。

（三）小说阅读的基本要点

1.才巴握故事情节

小说要多方面、细致深人地刻画人物的性格，必须借助于完整、复杂的故事情节。矛盾冲突越激烈，人物的个性才表现得越充分。因此，优秀的小说作品都有着完整、复杂的故事情节，并借此来多侧面、深入细致地展示人物的性格特征。

2．理解典型环境

环境描写是用来交代背景、衬托人物、渲染气氛、推动情节发展的。分析环境描写，了解它在文中的作用，能帮助我们理解人物形象，深刻理解小说的主题思想。

社会环境是人物活动的历史背景、社会情态、阶级关系等因素的总和，抓住这一点有利于深入理解小说的主题思想。例如，《最后一课》中写人们看布告牌，写普鲁士士兵的操练，目的在于交代背景，便于读者理解小说表现的爱国主义精神的主题。

自然环境描写包括人物活动的时间、地点、季节、气候以及景物等，对表现人物身份、地位、行动，表达人物心情，渲染气氛起着重要的作用。

小说中自然环境描写的作用，主要体现在：

（1）交代故事发生的时间、地点。

（2）交代季节、气候。

（3）交代人物的身份。

（4）揭示人物的心境，表现人物的性格。

（5）渲染气氛。

3．分析人物形象

要把人物放在具体的故事情节中，结合时代背景具体分析，因为小说塑造的人物形象往往具有明显的时代烙印。

要抓住人物的肖像、语言、行为和心理活动来分析人物形象。

（1）着重分析人物的肖像变化和那些富有代表意义的细节。

（2）分析人物的语言，要抓住最能表现其性格的语言。

（3）抓住最能表现人物个性的动作。

（4）抓住人物的心理活动。

要抓住人物与人物之间的矛盾冲突，注重分析人物间错综复杂的关系，通过比较来把握人物形象。

4．挖掘小说主题

小说写作的目的是反映社会生活，小说的主题就是对社会生活的高度概括和实质揭示，而人物的塑造、情节的构思、环境的设置最终都是为表现主题服务的。所以，归纳、挖掘小说的主题是阅读的意义所在。

挖掘小说的主题应从以下两方面入手。

第一，剖析人物的形象，剖析人物间错综复杂的关系，以便准确把握主题。

第二，联系小说的背景、作家的思想观点以及创作的意图来挖掘主题。

5．品味经典语言

领会小说中优美、经典的语言可从以下角度入手。

第一，寻找、挑选小说中优美、经典的语句。文中"点睛"之笔即是我们要欣赏体会的优美、精辟的语句，具体表现为：深刻揭示主题的句子；含蓄烘托主题的句子；展示人物性格的句子。要找这些句子并不难，在小说中也有规律可循：到情节的高潮处去找；到文章结尾处去找；到人物的细节描写中去找。

第二，鉴赏这些优美的语句，理解体会它们的含义以及对表达主题的作用。

6. 领会写作技巧

"技巧"指文学创作技巧，它是作者驾驭文学语言，运用多种艺术表现手法及表达方式、修辞手法等来构思文学作品、塑造文学形象时所表现出的熟练而又独具特色的手法。主要从以下几方面来欣赏。

（1）文中运用了什么表现手法（烘托、象征、衬托、对比、铺垫、欲扬先抑、先扬后抑……）以及用它塑造形象时所起的作用。

（2）文中特有的表达方式（记叙、描写、议论、抒情）是如何为作者表情达意的。

（3）文中运用的各种修辞手法（比喻、拟人、夸张等）创造出什么样的意境，表达效果如何。

（4）理解作家的语言风格及文学创作方法。

二、戏 剧

戏剧是由演员扮演角色，在舞台上当众表演故事情节的一种艺术。戏剧是一种综合的舞台艺术，它借助文学、音乐、舞蹈、美术等艺术手段塑造舞台艺术形象，揭示社会矛盾，反映现实生活。戏剧的基本要素是矛盾冲突，通过具体的舞台形象再现社会的斗争生活，激起观众强烈的情感反应，达到社会教育的目的。

（一）戏剧分类

按表现形式分为话剧（如《雷雨》）、歌剧（如《白毛女》）、舞剧（如《丝路花雨》）等；按剧情繁简和结构分为独幕剧、多幕剧（如《雷雨》）；按矛盾冲突的性质分为悲剧（如《屈原》）、喜剧（如《威尼斯商人》）、正剧（如《白毛女》）。

1. 话剧、歌剧和舞剧

戏剧文学按艺术形式和表现手法分类，有话剧、歌剧、舞剧。话剧的特点是以对话为主要表现手段，对话必须是规范化的文学语言，要通俗易懂，便于观众接受，适于反映生活。歌剧是一种由声乐和器乐综合而成的戏剧形式，所以也称歌剧为乐剧，有的歌剧只有歌唱，没有独白和对话，有的则是三者兼而有之。歌剧的唱词和音乐十分重要，歌词的语言应是诗一样的语言。舞剧是把舞蹈、音乐和戏剧结合在一起的戏剧艺术。它的特点是剧情的发展、人物形象的塑造，主要是靠演员的舞蹈动作（还有音乐语言）来表现的。剧中的舞蹈分情节舞和表演舞两种，情节舞用来表现戏剧情节，表演舞用来描绘剧情发生的时代和环境的特征。

2. 独幕剧和多幕剧

根据戏剧的结构形式，容量的大小，分为独幕剧和多幕剧。独幕剧是独成一幕的短剧。

由于展示剧情受到严格的时间、场景等限制，要求结构紧凑，矛盾冲突的展开比较迅速，而情节的基本部分——开头、发展、高潮、结局均应表现出来。多幕剧是大型的戏剧，容量大、故事情节复杂。由于它分幕分场，能用换幕表现时间的间隔和空间的转移，就可以把不便于在舞台上演出的事件转移到幕后，处理不同时间、不同空间的事件，反映更广阔的社会生活。这两种戏剧文学样式各有所长，无可代替，也各有众多的传世之作。多幕剧如莎士比亚的《哈姆雷特》、关汉卿的《窦娥冤》、曹禺的《雷雨》等。独幕剧如契诃夫的《结婚》、丁西林的《三块钱国币》等。

3.悲剧、喜剧和正剧

悲剧起源于民间歌舞。最早的悲剧，主人公在命运支配下是无可逃脱的，常以失败和灭亡而告终。随着时代的发展变化，悲剧的概念有了根本的改变。如莎士比亚的悲剧人物则表现出理想与愿望和社会现实的矛盾是不可调和的。恩格斯认为，"历史的必然要求和这个要求的实际上不可能实现"构成了悲剧性的冲突。鲁迅在论及悲剧社会性冲突时则指出："悲剧是将人生的有价值的东西毁灭给人看。"这说明悲剧的戏剧冲突常常是正面人物为某种正义的斗争而牺牲，引起人们的同情并给人积极有力的启示乃至激励。

我国古典悲剧，常常有一种浪漫主义的理想结局，具有振奋人心、鼓舞斗志的作用。社会主义时期的悲剧与历史上的悲剧有质的区别。主人公的暂时失败和个别人的牺牲，只是前进中的一个曲折罢了。

喜剧在古希腊，最初是秋季收获时为谢神而表演的狂欢歌舞，所以喜剧在希腊文中是"狂欢之歌"的意思。举行狂欢歌舞之时，领队者常要说些谐谑之词，引人发笑。所以喜剧的特点多以滑稽的形式来嘲笑、讽刺生活中的丑恶现象及一定人物性格中的缺点和弱点。鲁迅说，喜剧是"将那无价值的撕破给人看"。一般地说，喜剧的结局总是愉快的、圆满的。

正剧则是介于悲剧和喜剧之间的类型。在戏剧文学中，正剧是大量的。社会生活在大多数情况下，并不单纯呈现为悲剧性的或喜剧性的，而是有悲有喜，悲喜交织。它常常反映两种势力的自觉斗争，混合着悲喜成分，代表正义的一方最终取得胜利，结局是快乐的，人们就称之为正剧，或称为悲喜剧。正剧的主人公在斗争中，有时也会失败，甚至于牺牲生命。但是，正剧中洋溢的情绪，振奋多于忧感，欢欣多于悲伤，即使其中的悲剧因素，基调也是悲壮的，而非惨痛的。

中国古代戏剧因以"戏"和"曲"为主要因素，所以称作"戏曲"。中国戏曲主要包括宋元南戏、元明杂剧、传奇和明清传奇，也包括近代的京戏和其他地方戏的传统剧目在内，它是中国民族戏剧文化的通称。现代戏剧主要指的是20世纪以后从西方传人的话剧、歌剧、舞剧等，话剧是主体，外国戏剧一般专指话剧。

（二）戏剧的要素

戏剧的要素包括舞台说明、戏剧冲突、人物台词等。舞台说明，又叫舞台提示，是剧本语言不可缺少的一部分，是剧本里的一些说明性文字。

1．舞台说明

舞台说明包括剧中人物表，剧情发生的时间、地点、服装、道具、布景以及人物的表情、动作、上下场等。这些说明对刻画人物性格和推动、展开戏剧情节发展有一定的作用。这部分语言要求写得简练、扼要、明确。这部分内容一般出现在每一幕（场）的开端、结尾和对话中间，一般用括号（方括号或圆括号）括起来。

2．戏剧冲突

戏剧冲突是矛盾斗争的一种表现形式，主要通过人与人之间的冲突来表现先进与落后、进步与保守等的矛盾冲突。戏剧冲突应比生活矛盾更强烈、更典型、更集中、更富于戏剧性。

3．人物台词

人物台词是剧中人物的语言。它是性格化的，是富有动作性的，即人物的语言是同他的行动联系在一起的。台词的表现形式有对话、独白、旁白（登场人物离开其他人物向观众说话）、内白（在后台说话）、潜台词（即是言中有言，意中有意，弦外有音。它实际上是语言的多意现象）等。

（三）戏剧的基本特点

1．空间和时间要高度集中

戏剧不像小说、散文那样可以不受时间和空间的限制，它要求时间、人物、情节、场景高度集中在舞台范围内。在相对狭小的空间，几个人的表演就可以代表千军万马，走几圈就可以表现出跨过了万水千山，变换一个场景和人物就可以说明到了一个全新的地方或相隔多少年之后……这些都可通过幕、场变换集中在舞台上展现。

2．矛盾冲突要尖锐集中

各种文学作品都要表现社会的矛盾冲突，而戏剧则要求在有限的空间和时间里反映更加尖锐和集中的矛盾冲突。因为戏剧这种文学形式是为了集中反映现实生活中的矛盾冲突而产生的，所以说，没有矛盾冲突就没有戏剧。又因为剧本受篇幅和演出时间的限制，所以剧情中反映的现实生活必须浓缩在适合舞台演出的矛盾冲突中。

3．语言要表现人物性格

戏剧的语言主要是台词。戏剧主要是通过台词推动情节发展，表现人物性格。因此，台词语言要求能充分地表现人物的性格、身份和思想感情，要通俗自然、简练明确，要口语化，要适合舞台表演。

第四章 语文教学评价

传统的语文教学评价过于注重选拔性的终结性评价，评价单一、片面，不利于学生的全面发展。新课改以来，提倡过程性评价、诊断性评价、发展性评价和终结性评价相结合，定量评价和定性评价相结合，突出教育评价部门、任课教师、社区工作人员、家长以及学生等多方参与的评价，突出学生的自评和互评，突出学生的主体性评价，充分发挥评价的诊断、激励和甄别等多方面的功能。目前，语文评价教学打破了以各级测验、考试为主体的局面，实现了评价方式的多元化目标。在实际的评价环节，还出现不少问题，亟待采取有效的措施加以解决。

第一节 语文教学评价改革新动向

教学评价的合理与否直接决定着教学的质量，过于单一的评价方式不利于教师教学水平和学生发展水平的衡量。过去的各个学科教学评价大体都存在此问题，语文学科也是如此，依然不太注重评价理念的变革，不关注学生的学习能力、学习态度、学习兴趣，往往以学习成绩的好坏作为评价的重点，把考试与评价混为一谈；评价的主体也很单薄，教师主导着整个课堂的发展，学生却被模糊为了"背景"，只能作为评价对象出现。新课改实施以来，语文教学评价在评价目的、评价指标、评价方式、评价主体等方面都有了新的改革动向。

一、有明确的多元评价目的

传统的语文教学评价，更多注重的是甄别功能，而新课程理念则突出强调发挥评价的检查、诊断、反馈、甄别、选拔、激励和发展等多种功能。可见，甄别功能只是评价的一种，对于选拔性考试比较适合，而对于学生的学业水平评价和发展性评价则不太适用。众所周知，语文课程与教学的最根本目的还是为了提高学生的语文素养，促进学生的全面发展。

因此，我们应通过多种评价手段有针对性地改进教育者的教学方法，日臻完善每一个教学环节，提高教学质量和教学水平，从而达到教学艺术的巅峰；也可以通过评价检验学生的学习效果和达到目标的程度，明确学习的不足；同时，还可以考察学校的管理水平，为学校的改革提供标准。

二、有评价指标的综合性导向

小学初中新的评价机制要体现《国家中长期教育发展规划（2010—2020）》《义务教育语文课程标准（2011年版）》等文件的核心理念，高中语文新的评价机制要体现《基础教育课程改革纲要（试行）》《普通高中语文课程标准（实验）》等文件的核心精神，以高屋建瓴的姿态从全局出发，体现评价的整体性和综合性。我们可以从教学管理的理念、保障、过程以及效果这几个维度着手，坚持情境式、启发式等教学模式的综合运用，面向全体学生，因材施教；坚持教学内容的严谨性、科学性，注重让学生"在做中学"，在学生学习过程中，明确"知识与技能"的基本目标，体验"过程与方法"的习得过程，体验"情感态度与价值观"的感情意蕴，从而创设一个自主、合作、探究式的师生共同学习组织，有利于综合性评价的指标体系地完善。

三、致力于多样评价方式的运用

评价方式即评价的执行方法，直接关系到评价的结果以及评价的质量，在执行中应该做到评价方式的多样化，既要注重终结性评价，更要重视形成性评价；既要注重定量评价，更要重视定性评价。但要防止出现为了评价而滥用评价手段和方式的现象。正如《义务教育语文课程标准（2011年版）》所强调的那样："各种评价方法都有其一定的适应性，在评价的客观性和深刻性上也各有差别，因此，评价设计要注重可行性和有效性，力戒烦琐，防止片面追求形式。"在此，对新课程倡导的"形成性评价"和"定性评价"这两种评价方式做一简要分析。

（一）形成性评价

形成性评价是相对于传统的终结性评价而言的，主要是指在教学过程进行（教学时间较短），用以了解达到教学目标的程度（达成度），发现学习中的困难、存在的问题，通过有效的反馈调整教学过程。主要包括安置性评价和诊断性评价两种形式，是一种典型的促进学习的评价方式，侧重于对学生的学习过程以及学习中所体现出来的情感、态度、价值观等方面做出的评价。语文课程在教学实施过程中，由于教师本人教学风格迥异，学校的教学组织形式不同以及学生个性发展有别，所以可能出现各种不同的教学效果。基于此，我们就要及时收集教学中可能需要的各方面资料，如学生掌握知识量情况，教材总体编排，教师的教学风格以及来自家长、社会的信息等，从而建立起一套有利于学生发展的课程体系。在这一环节，语文形成性评价尤其是其中的"成长记录袋"就非常有效。"成长记录袋"动态化的跟踪记录学生学习、生活，并且能够使他们更加积极地参与到评价中来，也使得评价变得更为科学、合理。

（二）定性评价

定性评价是相对于传统的定量评价的方法而言，主要对评价资料做"质"的分析，是运用分析和综合、比较与分类、归纳和演绎等逻辑分析的方法，对评价所获得的数据、资料进行思维加工的一种方法。比如：评出等级、写出评语、即时评价等。语文定性评价是随着注重语文的人文属性应运而生的一种评价方式，主要评价的是学生在语文综合实践活动中的行为表现，采用的方法以课内外观察分析为主，评价的对象多是指学生在学习中流露出来的情感、态度和价值观。比如：老师在教《高尔基和他的儿子》一课时，假设"儿子在岛上种上鲜花，想对父亲说些什么"一问题，让学生展开想象与交流，老师评价道："说得真好！……儿子留下的不仅仅是鲜花，还留下了一份深深的情意，留下了对爸爸深深的祝福！"这样充满诗情画意的评价，流露出对人性的呼唤，使学生潜移默化间接受了情感、态度与价值观的教育。当下，语文教学更加注重学生的逻辑思维的学习体验、生活上的情感体验，尤其是关注学生的情感、态度、价值观的形成，在这些方面，语文的定性评价将会发挥更大的作用。

四、突出评价主体的多元化

语文教学评价要更好地发挥作用，就要摒弃传统的教学评价理念，树立"学生是学习主体"的现代教学观，"应注意将教师的评价、学生的自我评价及学生之间的相互评价相结合，加强学生的自我评价和相互评价，促进学生主动学习，自我反思。"并获得家长、社区、专业人员等社会群体的支持，让其参与到评价中来，以此更好地促进学生的发展。下面，以学生参与评价和家长参与评价为例做简要说明。

（一）学生参与评价

语文教学的实施是在教师的"教"与学生的"学"双方之间共同展开的，传统的考试只能考查学生对常识性知识的掌握情况，学生对学习的过程和采用的方法却无从知晓。新的教学评价对学生来说最重要的不是结果，而是在参与评价的过程中对自己做出更加客观的判断，全方面地了解自己，更加进步成长。因此，学生参与评价突出了既是评价对象又是评价主体的理念。学生参与评价的内容可以涉及学生参与制定评价的标准和要求，可以参与评价课堂内外的学习情况、自我学习目标的检测以及彼此检测对方的学习表现等，参与形式上，主要是自评和互评相结合。通过让学生积极参与评价中来，有如下作用：更有利于学生清楚评价标准，缩小学习发展现状与学习目标之间的差距；更有利于加强学生的自主学习，学会对自己的学习负责；更有利于提升学生的沟通、协助、交流和社交能力的发展；更有利于提高教学质量和促进学生的精神成长。

（二）家长参与评价

家长是最关注学生成长的群体，也是与学生接触最多的群体，但是在以往的评价中，家长只是旁观者，对学生成绩单以外的东西所知甚少。因此，有必要让家长吸纳到评价队伍中来，至少会在教学评价改革和参与对学生的评价方面提供有效的支持。我们知道，语文课程的多样性使得学生的学习面临内容杂而广的特点，语文知识获得除了课本上更多地借助于课外学习，所以学生的语文学习的好与坏也需要家长的参与，给学生的语文学习提供一定的物质条件和精神支持。比如，借阅和购买课外读物，养成课外阅读的习惯，在家里的阅读情况，对于社会现象的关注和评价等，孩子这些信息只有家长才掌握第一手材料，因此，家长有责任和义务参与到孩子的评价中来，成为一个不可或缺的评价主体。但值得注意的是，家长要有必要的培训和评价做指引，才能更好地与教师的评价互为补充。

总之，中小学语文教学评价由于受中考、高考招生制度的影响，要全面落实到实践中实属不易，正如历史上的历次改革一样，教学评价改革必然和传统的考试评价发生冲突。但为了追随时代的脚步，为了让每一个孩子从根本上提高语文素养，使语文教学真正落到实处，这就要求教学评价改革必须紧随时代脉搏，与时俱进。

第二节 语文课堂教学评价

无论是以前还是现在，班级上课制这种教学方式被广泛运用，课堂教学自然地承担了语文教学的主要工作，可以说是影响学生语文成绩和语文能力发展的直接因素。因此，在评价中，我们必须重视对语文课堂教学的评价，然而，评价现状却不容乐观。评价的内容存在滞后性，仅限于学生学到了什么和教师教的好不好；评价的主体单一，是教师和教育管理者；评价的标准刻板，以是否达到教学目标作为评价的唯一标准；评价的方式方法老套，还停留在考试这一原始的评价方式上；此外，评价目的还存在严重的功利性，不是为了改进教学和促进学习，而是聚焦在学生的升学率和教师的薪水上。上述现状，不但使常规的检测达不到应有的目的，也使得学生失去原初的学习兴趣，为了使教学评价更好地促进学生语文素养的发展，就必须采取有效的措施以改变这一评价落后的局面。

一、语文课堂教学评价的现状

（一）忽视以人为本的理念

教育教学的主体是人，所以在教学中必须坚持以人为本，以全面提升人的价值为目标。但是，当下的语文教学在评价方案的制定中没有很多地体现以人为本的理念，在课堂教学的评价实施中却有意无意地忽视了学生的需要和发展潜能。首先，通过新课改，课堂中的学生已不再是被动接受知识的群体，他们已由讲台下的沉默者变为课堂活跃氛围的制造者，正处于一种有意识拔高自己并急于挖掘自身潜能的状态。而我们的课堂教学评价现状致使作为评价主体之一的学生很难实现其在评价中的地位，也不利于其自身的进步。其次，教育管理部门被赋予教学评价的权利，但是他们评价的目的并不单单是为了改进课堂教学，反而把检查教师和学校是否按照国家的课程计划和课程标准执行课堂教学的任务放到了评价的重要位置。至于是否切合学生的实际则置于次要地位，严重地限制了教师对课程及文本的创造性。另外，由于教学管理者过多地进行教学评价的干预，导致了学生、家长、教师、专家和其他社会人员参与评价的机会减少，造成评价的单一化。最后，由于评价标准是固定的，教师就会参照评价标准而进行授课，而忽视教学过程的动态性，忽视学生的发展。又因为师生双方缺少情感的交流和相互的理解，致使以人为本的评价理念落空。

（二）忽视常规测验的评定

在中考、高考的背景下，成绩重于一切，因此，就会导致教师在教学时以"考试"为准，在评价中以"高分"为目标，而忽略了对学生常规学习的测验。首先，随着新课改的不断深入，语文课堂教学越来越开放化和多样化，与此同时评价标准也发生了相应的变化。但是，由于任课教师担心新课改会使自己的班级在大考中吃亏，所以就不得不无视常规测验的评定，转而以中考、高考的模拟试卷来评价学生。在评价的过程中，忽视了教学的规律，忽视了学生对语文学习的兴趣，剥夺了学生自己反思学习的机会。其次，每次选拔性的考试，训练的大都是考试技巧，不大关注采用什么样的教学方法和途径，也不大关注在达到教学目的过程中学生所收获的经历和体验以及产生的进步。这样不仅使学生被动地接受知识，还徒增了学生对语文的反感，影响了师生之间的友谊。最后，许多教师在新课改的引导下，教学处于素质教育之列，但评价却陷入应试教育的泥潭之中。忽视常规测验是对教师自身教学的否定，这就从侧面反映出了教师的失职。以中考、高考为风向标着实无可厚非，但异化的应试教育本身就有着不可改变的缺点，长期下去，必然会严重地影响教师教学质量和学生的语文素养的提高。

（三）忽视教师教学素质的考察

纵观现在的说课大赛、讲课大赛，大多把教师的教学技能作为了评价教师专业能力的标准，殊不知，教师的专业能力还包含教师自身的素质。此外，对教师实行的教学评价多以批评、指责、惩处为主，而忽视对教师成长阶段的评价。首先，课堂教学评价侧重于对教师教材钻研的深浅、教学常规是否落实、所教学生成绩是否优异、会考联考排名是否靠前等教学技能，学生的升学率也直接与教师的教学业绩、职称的评定和工资挂钩。评价内容狭隘、片面，评价形式化严重，忽视教师教学素质的考查。其次，评价忽视教师是否能在了解学情的基础上调整自身教学，是否能够掌握现代教学技术并适时地利用，是否能够恰如其分的评价每一个学生，是否能够掌控教学环境以保持学生学习兴趣，是否反思过自己的教学实践从而获取有益经验，是否和其他评价主体进行良好的沟通和交流等。这些对教师素养评价的缺失，是对教师责任的严重弱化，不仅会导致师生之间情感的冷漠，更影响今后课堂教学的质量。最后，由于传统的课堂教学使学生把课本和教师当作权威，课堂教学气氛沉闷、凝重，致使评价体系中缺失对教师课堂应变能力和课程资源开发能力的考查。此外，多数评价参与者评价理念存在偏差，评价知识缺乏，评价技能低下，这些也间接导致评价中忽视教师教学素质的考查。

（四）忽视学生语文素养的发展

知识与能力，过程与方法，情感、态度与价值观的教学目标要求全面提高学生的语文素养。纵观如今的语文课堂教学评价，出现了诸如书面评价针对性过强，片面化严重；口头评价模棱两可，稍纵即逝；终结性评价以偏概全，有失公平等问题，不但对教学反馈无益，反而阻碍了学生语文素养的发展。具体表现在：首先，在评价中过于重视升学率和考试成绩，导致忽视学生的学习过程；其次，对语文素养的理解存在偏差，语文素养更多指的是学生的学习方法、生活态度等非智力因素；最后，评价时千篇一律，不能体现个性和创造性。可以说，当下的语文课堂教学评价目的很少考虑教学是否得到诊断和改善，学生语文素养是否得到发展以及是否对评价参与者起到监测和激励的功效。

二、语文课堂教学评价的策略

(一) 建立和谐评价观

和谐评价观是指评价者和被评价者处于一种和谐共生的局面。他们站在客观的立场上做出判断，同时也需要换位思考。和谐评价观的建立是多元化评价主体共同协作的结果。他们在强烈的自我实现意识和责任感的感召下，积极参与到教学评价中去，在以人为本的理念下，依据不同的教学目标表达出不同的心声，进而推动课堂教学朝着更好的方向发展。首先，评价主体应该是多元交互式的，这样的符合评价主体可以提升师生自我反思能力和辨别能力，可以使管理者认识到自己的不足，在今后的课堂教学管理中找出更合理、更规范的策略。其次，要以和谐的评价标准贯穿始终，要时刻关注教师的发展变化和学生的学习能力。最后，和谐评价观要遵循评价的公正性和有效性原则，评价者要摒弃一切利益的诱惑，使被评价者在学习的过程中对自己的未来充满期待，只有这样才能确保评价结果能更好地反馈教学中存在的问题。

(二) 营造民主评价氛围

民主、平等的评价氛围在评价中的优势逐渐显现出来。事实表明，这种评价氛围不仅能够使评价更为公平，更能使评价的作用得以最大限度的发挥。首先，对学生的评价是在常规测验中体现出来的。它的评价内容应是学生在学习过程中所具有的认知能力和非认知能力，而不应把选拔性内容带入常规测验之中。常规测验不同于常模参照测验，它对教学过程的诊断和矫正，对教学质量的监控和推动都起着积极的作用。其次，评价要面向每一个学生，教师要多给予学生积极、鼓励性的评价，要从多维度来评价学生，而常规测验恰恰是在以人为本的理念指导下，把差异化的教学引入课堂并采用差异化的评价方式对学生进行测验，有较好的效度和信度。它不仅能增进师生间的相互了解，还为帅生的个性发展提供了空间。最后，常规测验能够有效地提供教学反馈，其目的也是为了优化教师的教学素质，全方位的培养学生。师生只有正确理解测验的目的，才能够为课堂教学营造更加和谐的民主评价氛围。

(三) 教师评价多角度化

加强教师队伍的管理方式之一就是在课堂教学环节，加强对教师自身的多角度评价。第一，要清楚地认识到教师进行教学活动的基础是教学环境，所以在课堂教学中，教师必须重视教学环境，努力营造一个轻松愉快的课堂氛围，打造积极向上的课堂环境。尤其是教师面对课堂教学的突发情况下的教学应变能力，是课堂评价的主要因素。第二，建立对教师教学设计能力的评价可以最大限度地发挥教师的创造性，这也是教师根据教学方案和学生的个体差异性做出的具有特色性的课堂教学实施方案。

（四）学生评价多维度化

巢宗祺指出："语文素养体现了语文学科工具性和人文性相统一的本质内涵，具体表现值是'比较稳定的、最基本的、适应时代发展要求的学识、能力、技艺、和情感态度价值观'。"所以，语文课堂教学评价应对学生各方面的发展给以关注，重视对学生的评价，并鼓励学生参与评价，实现学生评价的多维度化。首先，提倡学生自评或互评相结合。在学习过程中，学生有各自的评价视角，能自觉能动地对自己或者他人做出评价，这种评价方式能使他们体验到学习和成功的乐趣，树立起对自身和对社会有益的价值观。其次，表现性评价和形成性评价相结合，多维度评价学生。表现性评价能直接充分体现出学生的自主学习能力，表现出学习过程中最真实的自己。形成性评价是基于语文课堂教学是一个不断延续的过程，这种评价方法能及时发现并调整教学中的问题，促使教学获得更加理想的效果。最后，评价过程注意多角度化，注意促进学生非智力因素的发展。非智力因素是在活动课程或经验课程中逐步建立起来的，也是培养创新能力的主要方面。

综上，通过这样的评价策略，使教师通过反馈的信息来优化自己的教学，提高教师的专业化水平和整体素质；使学生在语文学习的过程中找到语文课程的魅力，找到语文学习的方法从而全面提高学生的语文素养；使教育管理者持续关注课改情况，了解教学过程中产生的问题，帮助教师及时调整教学方法，进而提高学校的整体教学质量。

第三节 写作教学评价

据调查，当前我国的语文写作教学较为薄弱，甚至有一些学者说我国的语文课几乎没有写作教学。的确，在实际的写作课堂上，还存在很多问题，尤其是评价的问题，值得学界的重视。

一、写作教学评价中存在的问题

（一）写作教学中关于"如何写作文"的内容涉及较少

王荣生在《我国的语文课为什么几乎没有写作教学？》一文中指出：目前中小学的"作文教学"包括两个阶段：第一阶段是学生写作之前，指导学生进行审题、立意和构思；第二阶段是在作文完成之后，教师来评讲学生的作文，此时教师会给学生读一些优秀作文，或者讲在批改作文时见到的种种情况，如字迹潦草、缺少题目、标点符号不规范等需要注意的问题。第二阶段主要是说作文"写得如何"。这样的作文课上完了，学生很少学习到"如何写作文"的知识，而与写作文有关的知识和内容恰恰是学生最想学、最难学，作文教学最核心的部分。但在现实的写作教学中却被忽视了。

（二）写作评价侧重于考试性评价

素质教育可以说在我国推行已经有些年头了，但是由于高考"一考定人生"的情形在中国依然严重存在，"分数是学生的命根"的思想在广大教师和学生心目中仍然根深蒂固。作文分数在高考总成绩中占百分之四十，可以说得作文者可得天下。通过对近三十年的高考作文进行分析，每个教师都总结到了一套属于自己的"经验"和"模板"。比如，容易得高分的议论文体，一般采用"三段论"的常规结构，对于抒情性文体，多背诵一些语句优美的万能句子，等等。高分作文才是好的作文标准，长期以来就会降低学生的写作能力和写作兴趣，束缚了教师的教学思路，最终导致作文教学的功利性，违反作文教学的本质。

（三）教师的写作教学能力有待提高

从教育学上讲，教师的教学能力包括"教什么"和"怎么教"两个方面。"教什么"即教师的专业素质，如果教师的专业素质不高，不知道教什么，那么就很难使学生具有较高的知识层次，进而极大地影响了对学生语文素养的培养。"怎么教"对于教师而言，也是衡量他们优秀与否的一个重要尺度。教师采用好的教学方法有助于激发学生的学习兴趣以及活跃课堂气氛，单一、枯燥的教学方法不仅使学生厌倦写作课，而且会导致写作课堂气氛严肃、紧张。据了解，在语文写作教学过程中，有一些教师自己的写作水平也不高，对于"怎么教"更是不知如何是好。

二、写作教学评价的具体策略

（一）不完全以"创新"的文章体式为评价标准

目前，教师在写作课堂上讲授以及考试的是在内容和形式上都要求"创新"的文章，但是，这种高标准、高要求的文章会导致我们的教师很难开展好写作教学。要从根本上改变这种局面就必须对作文的体式进行大幅度的调整。这需要我们思考考试作文应该有哪些体式，我们的写作课还没有涉及。同时，借鉴国外的文章体式，看哪些适合我们的写作教学，对中小学生而言，写作文首先是文从字顺，能够完整表达自己的意思为目的，其次才是雅致和创新的要求。过高的写作要求只会挫伤学生的写作积极性。因此，在对写作评价中，要有适合学生发展的作文梯度标准，而不是一味地追求创新性写作。

（二）从作文教学内容的角度来进行观课评教

过去多是侧重于对教师作文教学形式的评教，而现今又突出对作文教学内容评教。用这种方式进行观课和评教，不仅可以减少教师备课的无效劳动，把更多的时间和精力放到提高写作教学的效率上来，还可以更好地落实"教师参与写作课程"、"教师成为教学研究者"的教学理念。当然，关键是有助于教师把焦点从关注写作课堂教学的形式转换到学生能学多少写作知识，能提高多少写作能力等评价上来。

（三）制定多元化的写作教学评价标准

作文试卷中所占比重很大，学生的作文成绩也应该是写作教学评价一个重要标准。但是，在一节融合学生学、教师教、课堂环境等各种因素的课堂里，仅用一个评价标准难免会有一些疏漏，所以应该制定多元化的写作教学评价标准。比如，学生之间、师生之间在课上对写作有关内容的互动、交流，学生在课下关于写作方面的练习等情况，也可作为写作教学评价的重要标准。

（四）加强师范生的教育和在职教师的培训

师范生不同于非师范生，他们不仅仅要在学校学好本学科的专业知识，还要掌握师范生的一些基本技能，目前，很多师范院校已经意识到这一点，学校鼓励学生把专业课尽量在三年内学完，留出大四一年的时间去实习，这样毕业的学生既有扎实的专业知识，也有一定的实践能力。面对在职的中小学教师，2010 年，国家实施了"中小学教师国家级培训计划"，采用骨干教师脱产研修、集中培训、送教下乡、远程培训等多种培训方式，大大提高了在职教师的教学能力。可以说，不管是岗前还是职后培训，作为 21 世纪的语文教师，都应该有很强的专业素养，其中写作能力是衡量教师语文水平的重要标杆，尤其要重视和加强。

第四节 语文作业评价

学生的语文作业评价，是语文教学工作中一个必不可少的环节，它既可以向教师反馈教学效果，也可以帮助了解学生的学习情况，督促他们的学习。新课程理念倡导对学生作业的评价要更多地关注学习的过程及学习过程中所表现出的情感、态度与价值观，帮助他们认识自我，建立信心，促进生命整体的发展，充分体现人文关怀。但长期以来，教师对作业的评价还存在着诸如评价方式陈旧呆板，评价标准绝对单一，评语针对性不强等问题，亟待解决。

一、语文作业评价的现状

通过调查访谈发现，当下语文作业评价的弊端主要表现在以下五个方面：

（一）作业评价主体单一化

一直以来，教师都是作业评价的主体，在作业评价活动中处于主导地位，什么时候进行作业评价、怎么评价，都是由教师说了算。学生在作业评价中则常常作为一个被动的评价对象，很少有参与的机会，更别说通过发挥自身的主体作用来对自己的作业进行评价了。作业评价中的这种师生互动不协调的局面使得学生常处于被动状态，降低了学生对作业评价的关注程度。

（二）作业评价方式简单化

许多语文教师偏重课堂教学，对语文作业的评价不够重视，作业评价方式简单化。在对语文作业进行批改时，只关注学生写上去的答案，然后打上对号、错号，写上一个分数或者"优秀"、"良好"等。还有很多教师不重视作业批改的评语，有些作业虽然写了评语，但针对性和感染力不强，而有的教师更是图省事直接批上"阅"、"查"等表示自己已经看过。这些简单化的评价方式造成了学生作业中存在的问题得不到改正和指导，作业中表现出的精彩部分得不到肯定和赏识。长期下来，学生便会对作业评价变得麻木不仁，只关心分数或等级，对存在的问题和成功的经验不能及时进行分析和总结。

（三）作业评价标准的绝对化

在当前的语文作业评价中，应试教育的副作用表现得依旧很明显，许多教师对语文作业进行评价时，往往根据参考答案，对程度不同的学生采用相同的评价标准，作业评价的作用停留在甄别和选拔层面上，忽视作业评价对学生的激励作用。作业评价标准的绝对化造成了那些语文基础较好的同学拿到作业时很兴奋，而那些语文成绩不好的同学，则情绪很低落。久而久之，那些语文基础不好的同学便会失去对语文作业的兴趣，从而造成语文成绩越来越差。

（四）作业评价内容的狭窄化

通过调查发现，许多语文教师在批改作业时，对学生知识的掌握程度比较重视，如字词成语的积累、病句修改的方法、解题技巧的应用等，而对学生在做作业过程中投入和表现出的情感、态度和价值观等重视明显不够，作业评价的内容呈现狭窄化趋向。教师作业评价中这种只关注学生作业的正确率、只关注学生对显性知识的掌握的状况，会造成教师对学生认识和了解的片面化，在一定程度上影响了师生关系的和谐，也不利于学生全面、健康、阳光的发展。

（五）作业评价反思的缺失化

语文教师大都认为对学生的作业进行评价是一项常规性教学工作，非常的自然平常，而对自身作业评价行为和过程则很少进行反思，也很少反思自己的评价形式和结果会对学生的语文学习产生怎样的影响和结果，甚至有一些教师压根儿就没有进行过作业评价的反思。作业评价反思的缺失化严重限制了教师在作业评价中创造性思维的发挥，造成了作业评价的效率低、效果差，也不利于学生及时发现作业中存在的问题。

二、语文作业评价的有效策略

为了适应新课标提出的学生全面发展的理念，促进学生语文素养的全面提升，语文作业评价应当从评价标准、评价内容、评价方式、评价主体等方面积极进行改革，提升作业的质量，促进学生的全面发展。

（一）评价标准的人性化

语文新课程强调，要关注每个学生的差异，尊重每个人的独特性，使所有学生获得最基本的语文素养。这就要求我们在进行语文作业评价时，要抛弃以往那种绝对化的评价标准，在保证公平的前提下，适当地做出一些调整，多和学生之前的成绩相对比做出评价，让学生在作业评价中有成功的体验，提升学生对语文作业的兴趣。

1．分层评价

传统的作业评价方式存在诸如评价内容的"一刀切"，过多关注作业所得分数，不顾缺乏学生的个性特长，过多采用批评纠错的作业评价方式，打压学生失去学习的乐趣与信心等。总体来说忽略了不同层次的学生的发展需要。因此，在新课改背景下，我们倡导分层评价的方式。因为学生的家庭背景不同、心理不同、学识不同、语文基础和答题技巧等都会存在差异，因此，在语文作业质量方面就会存在良莠不齐的情况。基于此，就需要我们在作业设计方面照顾到不同层次学生的水平。比如：白居易《钱塘湖春行》等五首古诗讲完后，教师分层分组设计了一下作业：C组，从《钱塘湖春行》中哪些词语可以看出是初春景象？B组，把了解的关于春的诗句写4—6个；A组，比较杜甫《春夜喜雨》与白居易《钱塘湖春行》两首诗在描绘春景上各有什么特色。可见三组题难度系数呈阶梯状，从易到难，以培养学生学习兴趣，增强他们的自信心。那么，我们在评定学生的作业也要有相应的标准，对于基础好的学生，采取高标准，而对于基础较差的学生，对他们多采取鼓励、激励性、发展性评价，发现其闪光点和优点，增强对语文作业的自信心。

2．整体评价

所谓作业中的整体评价，即是在学生作业过程中，不只是关注他们对知识的掌握程度，还要关注他们学习的过程与方法，更要关注他们在学习中的情感体验和学习态度，尤其是作业中呈现出来的价值观。只有关注学生的全面发展，才不至于因为老师的偏见而扼杀一个人的前途与命运。例如，教师发现一位作文写得乱但字写得很漂亮的学生，对他采用的就是少批评多鼓励的方式，写了这样的评语："你这一手漂亮的字看着真让人赏心悦目，老师很喜欢。老师认为你如果能按照事情的起因、经过和结果把这篇作文重新修改一遍，老师相信内容也会和你的字一样让人赏心悦目的。"这样，学生的学习自尊心得到了有效保护，学习的积极性就会更高。

3．发展性评价

不同时期的学生，其知识积累、语文经验、语文视野、语文能力以及情意发展都是不同的，都呈现出差异性和阶段性发展，并且是呈现螺旋式上升的发展态势。对不同时期、不同层面学生语文素养的发展，需要我们采用发展性的评价标准。比如，我们评价学生对同一篇文章或古诗词的理解，在教师讲过之前和讲过之后、在高一和高三阶段的标准都应该是不同的和变化的，甚至对不同水平的学生采用的评价方式也应当不同，这样才能更好地促进学生的全面发展。

（二）评价内容多样化

新课标一直倡导语文课程的目标是学生语文素养的形成和学生的整体发展，语文作业要达到的目标也应该与新课标的目标相吻合，学习不再是传统的"巩固知识，获得技巧"，也不是仅仅为了应付考试，除了"知识与能力"外，更注重"过程与方法"、"情感态度与价值观"。这就要求语文教师在作业评价时也要遵循这三个维度。

1．评价学生在作业中所达到的学习水平

学习水平是根据学生的身心发展特征和学习内容的特点所划分的水平等级。一般而言，7—8岁与11—12岁学生在身心发展方面差异很大，部分11—12岁女生已进入生长发育高峰期，9—10岁的男生则处于两者的衔接期，13—15岁的男女生都进入生长发育高峰期。大部分16—18岁的男、女生的生长发育接近或基本完成，其身心发展达到了较高水平。由此，我们的语文作业评价也可根据学生的身心发展，制定出相应的学习水平评价标准。对于小学生作业的评价要侧重于语文基础知识和技能的掌握，对于初中生要侧重方法的运用和思维能力的发展，对于高中学生，则应当侧重高层次思维能力和创造创新能力的培养，而不只是关注作业的正确率。

2．评价学生做作业的过程和方法

做作业是个动态的过程，是学生动用脑力和身体的各个器官组合而完成，学生对作业的完成情况可以反映出学生的思维过程，知识掌握情况和价值观，等等。所以说我们在评价作业时要把学生思维的过程和结果放在一起，关注学生的思维过程，问题的解决过程，语言的组织过程。语文教师在作业评价中应该更加注意学生做作业的思考过程，分析过程和解决过程，使作业评价更加公平、公正。

3．评价学生在作业中形成和表现出的情感、态度和价值观

学生作业所呈现的结果，都是个体学生独自思考的产物，体现着这个学生与众不同的思维特点和思维方式，也能表现出学生的独特个性，价值观和特长，等等。所以语文教师在对学生作业进行评价时，还要注重学生情感、态度、价值观等各种非智力因素的评价。

（三）评价方式多样化

高中新课标强调："学生不同的发展阶段有不同的特点，学习不同的知识内容也有不同的方式和方法，对待教学评价也是一样。课程评价有多种方式，但要找到最适合本阶段学习内容的方式来进行评价。"作业评价不同于其他评价，它寄托了学生的期待，所以教师应该更用心地对待作业评价，多写一些有针对性的评语，为他们创设一种个性化的评价机制，调动他们学习的积极性，提升他们对语文学习的信心和兴趣。

1．综合运用形成性评价和终结性评价

为体现公平，对于学生语文试卷类的作业，我们可以采取终结性评价，不管答对答错每个人都只有一次机会；对于平时的考查性作业，诸如课堂小练笔、随堂训练、周记等，教师则可以让学生根据自己作业的情况进行多次修改，然后给出形成性评价。但对于考查学生综合素质的作业，作业本身就能考查学生的思维过程以及语言表达能力，就需要用形成性评价和综合性评价相结合的方式来完成对学生作业的评价。

2．要重视评语的作用

在中考、高考无形的压力下，很多语文教师都把教学的重点放到课堂教学上，放在大型的模拟考试或者期中期末及选拔性考试上，对课内外的作业评价都是简单的打个对号或者错号，或者给一个优良中差、ABCD 的等级，很少写评语或根本就不会写评语，忽视了评语的激励、引导和交流的功能。这种作业评价，最终导致学生仅仅关注分数和等级，产生作业写好写坏都差不多，反正老师也不重视的心理，久而久之，就会降低做语文作业的兴趣，因此，语文作业质量日益底下也就在情理之中了。评语可以包括很多种，比如，激励性评语、商榷性评语和期待性评语等。教师在批改作业时可以灵活运用它们。针对学生的作业写一些个性化、针对性强的评语，让学生感觉到被老师关注，面对有针对性的修改意见，会更加认真地对待和改正作业，从而达到预期的效果，起到激励的作用。

3．采用面评的方式

根据调查显示，语文教师在写作业评语时一般在办公室进行，导致在写评语的时候不

能与学生交流。事实上，经过实践证明，教师把对学生作业评价的地点由办公室搬进教室，对学生的作业进行面评，是有很多好处的。教师当面批改作业，学生能及时了解作业中的错误，并能得到教师的纠正与分析，使作业达到的效果更明显。

（四）评价主体多元化

语文课程评价要尊重学生的主体地位，指导学生开展自评和互评，实现学校、教师、学生、同伴、家长等多个主体共同参与的交互评价。作业评价作为教学过程中的一部分，也需要有评价主体单一化向多元化转变。

1．重视学生的自评

调查发现，学生认为作业评价主要由教师完成占有95%比重，学生也片面地认为检查作业跟自己没多大关系，这是长期以来教师在作业评价中"一人独唱"造成的后果，学生完全意识不到自身在作业评价中的主体作用。苏霍姆林斯基在《给教师的建议》中说："真正的教育，能够去激发学生进行自我教育的教育。"在新课程的作业评价体系中要求，教师要帮助学生树立作业评价的主人翁意识，让他们从内心里重视作业评价，培养他们的自主能力和评价能力。学生对自己作业的反思是自我作业评价的重点，反思包括反思取得的成绩和存在的不足，然后对以后的学习制订严密的计划。

2．重视同伴间、小组间、师生间的互评

"自主、合作和探究"的学习方式要求我们在学习过程中充分发挥学生在学习过程中的主体地位。在学习中应该多合作、多交流，作业评价也是一样，不但需要学生的自评，更是要在生生间、小组间和师生间互评，既可以评价作业也可以交流评价标准。比如，文言文翻译、古诗词鉴赏、续写或改写作文之类的作业，对于不同水平的学生而言，肯定会有差异性，这就需要发挥其创造性，对于这样的开放性作业，假若老师在学生之间实行合作和探究性的评价，不仅调动了学生自主、探究的积极性，也在评价过程中通过别人的发言深化了自己对问题的见解，使整个过程更富有创造性。

3．重视家长、社区的评价

在语文新课改的实践过程中，越来越多的语文教师开始重视学生的口语交际作业、社会实践性作业，而这些作业大部分是在生活中完成的，所以教师可能担负不了这么艰巨的任务。这就要求家长和社区的配合，参与到评价中来，给学生一个客观、公正的评价。

第五节　语文质性评价

在传统的语文教学评价环节，我们过于注重以纸笔考试的形式来考查学生的语文素养，而轻视甚至忽略了语文的质性评价。我们知道，语文教学评价的改革不应该是仅仅改革语文考试或测验的内容和形式，题型的结构和比例，通过一张张试卷来评价学生的语文知识和语文能力，而应该从整体上改革语文教学评价的方式，加大语文质性评价在整个评价体系中的权重，使传统的语文评价与质性评价有效地配合使用，从而达到全面提高学生语文素养的目的。

一、语文质性评价的内涵和特点

（一）语文质性评价的内涵

对于语文评价，人们习惯性地认为就是通过客观和主观题组成的语文试卷来考查学生的语文成绩，以成绩高低、优劣来断定学生的语文程度，其实这并不是真正意义上的语文评价。殊不知，语文考试绝不等于语文评价。语文评价还有很多的方式，比如形成性评价、质性评价、发展性评价。其中相对于定量评价而言的质性评价越来越受到学界的关注。那么什么是质性评价呢？

所谓质性评价，是指以人本主义为认识论基础，主要通过成长记录、观察、访谈、描述及解释等方式，对学生在学习情境中的状态、行为和水平等进行价值判断，以全面、充分地揭示和描述学生在学习中的各种特质的过程。而语文质性评价，就是语文学科的一种重要评价方式，应贯穿于语文课程的始终。

（二）语文质性评价的特点

语文质性评价与传统的量化评价方式相比，有着如下特点：

1．多元性

多元性是指从多个角度、多个侧面、多种方法进行的语文评价。在评价实施过程中，要增加评价内容和对学生情感、态度、价值观的评价；要优化评价方法，不再使用单一的评价方法，多种评价方法优化组合使用；还要丰富评价主体，把评价主体扩展到社会、家庭等诸多层面。

2．发展性

质性评价最能体现发展性评价的评价理念——为了每一个学生的发展。语文质性评价的主要目的不再仅仅是为了甄别和选拔，仅仅关注学生的知识与部分能力尤其是分数，而是应当更多关注学生的语文素养、整体发展和长远发展。它不断收集学生语文学习过程中的信息，根据具体情况，判断学生在语文学习上的优势和不足，并提出有针对性的改进建议。语文质性评价可以有效提高学生的语文能力，让学生掌握为以后发展所必需的工具，而不是对学生的语文成绩进行判断。

3．过程性

语文质性评价是一种过程性评价，关注的不是最终的语文成绩，而是把评价的重点放到学生的学习过程之中，更多关注学生整个的思维方法和思考过程，以及提出问题、分析问题和解决问题的过程，并最终对这一过程做出定性判断。

4．灵活性

相对于传统的评价，质性评价的最大特点是灵活性。首先，在评价时间上更自由，不拘泥于上课的时间段，而是在日常生活中时刻监督评价学生的平时学习表现；其次在主体上更加多样，既有学校老师的参与，也有家庭的参与，更有社会的配合，在生活中，家长的一句鼓励，教师的一句表扬，社区的一个情况反映和亲戚朋友的一个无意的称赞，都是评价。这样的评价贯穿在整个实践中，以发展的眼光来评价学生，使学生在多维的时空中，通过多元化主体的参与和互动，创造出富有个性的发展过程，优化发展结果。

二、语文质性评价与传统语文评价的比较

语文评价是语文教学的重要环节，应随着语文学习方法、教学方法的改变而变化，不断创新。显然，以往的单一的以考试为标准的评级体系有许多与当下语文教学不匹配之处。首先，这种评价只重视学生对语文知识的学习而忽视了语文能力的全面发展，语文能力应包括听、说、读、写等方面，而以考试为中心的评价方式更多是注重"读和写"部分，且也不能很好地考查出学生的读写水平。比如"写"，现在作文的高分都是用作文的技巧和华丽的辞藻堆砌的，相反，真正包含丰富内容，体现真实情感，体现生活阅历和思想眼界的作文不一定能取得高分。韩寒，在校语文成绩不高却能写出几十万字的作品，所以说试卷上的作文并不能真实反映学生的写作能力。其次，语文考试效度令人质疑。语文考试包括命题、考试和评卷等各个环节，而考试的每一个过程都受多方面因素的影响。比如，语文教材中的课文都是优选的，有着德智启迪和知识拓展等功能，但是在语文考试中现代文阅读大量引入课外材料，而且随意性很大，这样就会使考的和教的相脱节，考试也就不能真正反映出学生的学习水平。又如，作文评卷，三五分钟改完一篇作文，凤头猪肚豹尾加上字迹工整，就能得高分，让人感觉有很多运气的成分在内。第三，语文考试脱离了现实社会。语文课是工具课，语文课程的目标重建重新确立了语文与现实社会的联系，语文学习的最终目的是为了学生更好地适应生活和应对生活。但是，以考试为主要的评价方式却忽略了学生语文运用能力的培养和锻炼，而是把语文的学习以高分为导向，考点为内容，使语文完全脱离了生活。

语文质性评价作为一种新的评价方式，在运用反馈后，有着很多传统评价手段所不具

备的优点。首先，质性评价涉及语文教学的方方面面。新课标提出的语文教学的"三个维度"都能涉及，并且能全面考查学生的"听、说、读、写"能力。其次，语文质性评价致力于学生全面发展的理念与新课标中全面提高学生的语文素养和重视多元评价的理念不谋而合。再次，语文质性评价更加重视语文的实用性，符合语文的工具属性。语文质性评价有助于把语文知识转化为实际的语文应用能力，比如，评判口语交际能力的标准——参与社会实践，能说善辩，出口成章；评判阅读能力的标准——要求学生不仅能理解文章的内容，表达的情感，而且能在阅读中积累文化知识，陶冶高尚情操；评判写作能力的标准——要求学生不仅能写出文质兼美的文章，而且能在写作中感悟生活，表达对生活的独特见解和真实情感。

我们提倡语文质性评价，并非是彻底否定传统的语文评价。传统的语文评价存在上千年有其合理的一面。以考试为主体的评价方式虽然有很多缺陷，但也有其不少公平、客观、公正的成分在内，因此，质性评价不可以取代考试评价。我们的目的也并非是让质性评价取代传统的考试评价，而是更加注重质性评价，弱化考试评价，最好是把二者有机结合起来，发挥各自的优势，促进学生的全面发展。

三、语文质性评价的有效策略

（一）确立质性的语文评价内容

语文评价的内容应根据新课标来具体确定。根据学生的语文学习水平和表现行为，语文质性评价的内容可以分别从知识与能力、过程与方法、情感态度与价值观三个维度来设计。以往的语文评价偏重的只是对与学生语文知识与能力发展有关内容的评价，使语文评价困于应试教育之囹，忽略了学生学习过程和情意发展，导致了学生的片面发展，这与当下倡导的素质教育和创新教育理念和精神是相悖的。

（二）选择和使用质性的语文评价方法

在评价过程中，评价者不必拘泥于某一种质性评价方法，可以根据学生的学习情况及学习情境进行适当选择或组合选择，但在评价时，应多选择一些有利于三维教学目标的实现与学生发展的评价方法。比如：

1. 档案袋评定

又称为"成长记录袋"，指教师指导学生或师生共同将有关学生表现的材料收集起来，通过进一步的分析和解释，来反映学生在学习与发展过程中的努力、进步和成绩。它是质性评价的典型方法。要求档案袋从制作到最后的提交，所有的内容都是教师和学生共同决定的，教师在此中间起着督促检查作用，最好还是体现学生的参与度和活动成果。例如，关于学生作文的成长记录袋，要求学生在档案袋里显示看见作文题目的头脑风暴记录、第一份提纲、早期的草稿、修改过或再次修改的稿子，以及最终的作品等。当然，也可以显示教师指导过程的记录以及师生的评价等内容。至于档案袋材料的安排，根据不同的学生的学情可做灵活处理，不做硬性的规定。

2．观察法

观察法是教师或研究人员通过感官或者借助一定的科学仪器、有计划地、有针对性地对社会中人们的行为进行搜集的方法。在语文教学中，指的是教师通过对学生课堂内外的学习和生活表现进行的观察评价。例如，观察学生做作业的态度，学习的内外动力，准备工作的情形，学习的方法，学生在课堂上的表现及与同学之间相处的情况，等等。观察法有利于评价者了解学生某方面语文能力的不足，了解学生语文学习中遇到的困难及造成这些困难的原因。

3．面谈法

面谈法是以教师和学生面对面的交流和观察为主要方法，来测试学生的知识、能力、经验等有关素质的考查活动。这种活动在一定的场景下进行，需要师生的共同参与。语文评价中的面谈法是指评价者和学生面对面的交流，考查者不仅可以了解学生的思维过程，也能考查学生对语言的理解能力和口语表达能力，还可以反映出学生的情感、态度和价值观。例如，在每节语文课之前安排课前演讲，不仅能观察学生心理素质的稳定性，还能反映出演讲者的语言表达的连贯性以及思维的缜密性。

4．问卷法

问卷法是研究者将研究的问题转化成一系列问题，做成问卷，找一定的群体进行作答，收回答案后进行分析处理，得出最后结论的方法。运用到语文学科就是专家或教师设计问卷，采用匿名作答的形式，找学生或者家长作答。通过这种形式来反映学生的态度、看法、不易显露的知识以及长期以来的学习行为，反映学生在校外生活中的语文运用能力。专家和教师通过从各种调查问卷中得到的反馈信息，可以分析出一个学生的总体语文水平以及语文学习上的不足处，从而可以在语文教学中有的放矢地对学生进行教育。

（三）确立质性的语文评价主体

教师、学生、同伴、家长都是语文评价的积极参与者，强调评价主体之间的多向沟通、选择和协商，实现多元促评的良好目的。以往的语文评价，多是学校和教师为主体，学校和教师根据自己的需要对学生的语文成绩进行量化的判断，造成学生只关注分数和成绩，而不注重全面发展的局面。因此，在评价中要注意更应该评价主体之间的联系和沟通，全面、公平地评价学生。

（四）创造多元的语文评价环境

多元的评价环境指学生在学校的学习环境和课堂环境、生活中的家庭环境和社会环境。要求把评价的重点从学生的语文成绩转向学生的学习生活等方方面面，并且给予学生一个自由、和谐的评价氛围，保证评价的真实性。这样的评价环境的创设更有利学生的学习和进步。

综上，考试是我国迄今为止最为重要的选拔人才方式，这就注定以考试为主的评价方式给质性评价的实施造成了困难。我们知道，质性评价相对于考试评价操作性和清晰性都比较弱，且在语文学科中运用还属于尝试阶段。所以，语文质性评价还需要教育工作者的共同努力，以推动该方式得以有效的开展，在促进学生语文素养的全面提高方面发挥更大的作用。

第五章 基于人文素质培养的语文教育

　　本文前面已经论述过，语文的课程定位是在进一步提升学生语文能力的同时，重在针对学生进行人文素质的培养，亦即造就学生完善的人格。回顾语文的开办历史，追溯语文的发展过程，人们很容易发现，从表层上来看，语文课程向学生传授的主要是与中国语言文学有关的内容，但在实施教学的过程中，从来没有哪位语文教师只以讲解语言文学知识为己任，而是透过语言文学作品的背后，去揭示文本所蕴含的中华民族的厚重文化精神，展示作者身上的人格魅力。再进一步分析，揭示和掌握语文背后的文化精神则是为了更好地服务和塑造大学生完善的人格。就目前的高校语文教育来讲，借助语文课程的讲授，是完全能够在一定程度上实现人文素质这一教育目的的。

第一节 "大语文——人文语文"教育观的建构

　　"人文"一词，语出《易经·贲》："文明以止，人文也。观乎天文，以察时变：观乎人文，以化成天下"。这里的"人文"之义，主要是指人类社会的各种文化现象。所谓人文素质，是指由知识、能力、观念、情感、意志等多种因素综合而成的一个人的内在的品质，表现为一个人的气质、修养和人格。是一个人成其为人和发展为人才的关键。人文素质教育教会我们如何做人，做一个有良知的人，做一个有知识的人，做一个有修养的人。教会我们如何处理人与自然、人与社会、人与人以及人与自身灵肉的关系，以促进人的整体和谐与全面发展。所以，当前许多有识之士、许多学术杂志及权威媒体都特别强调人文教育对学生人文素质培养的重要意义，认为："人文教育是整个高等教育的基础……忘了人，就忘了一切；忘了人文教育，就忘了人的思想、感情、个性与精神世界。"青年学生首先应该是一个有人性、有人格、心理健康的人。如果我们所培养的学生连人性都丧失了，心理都扭曲了，那么培养得越多，业务学得越好，能力练得越强，对社会的破坏作用也就越大。所以在当前高校人文教育课程开设极其有限的情况下，语文课程作为大多数高校对学生进行人文素质教育的课程，起着核心教育课程的作用。传统的语文教育以应试教育为中心，教育围着考试转，考什么，学什么，教育为考试服务，完全背离了语文教育的人文本质。语文的表层字、词、句、篇得到重视，语文的深层内容——人文精神、人文文化却流失了。因而语文教育有必要在进一步拓展和提升学生语文能力的基础上，把着重点放到人文素质的培养上来。当然本文这里所提到的语文能力，不仅仅是学生一般地听、说、读、写能力，而应该指向在较高的层次上，充分发挥学生的潜能，让他们主动地掌握学习方法，能够以较宽广的视野，以系统的文学理论方法去品味和欣赏文学、文化精品，学会去不断丰富自己的想象力、感情力与思考力，学会能以流畅的文笔将自己的所思所想进行书面表达的良好习惯、一种终身受用的生活方式，更为重要的是要有利于创新素质的发展、发散思维的培养与形成。这样的语文教育才是初高中基础语文教育的延伸，更是对基础语文的更高一级的提升。为了实现当代语文人文素质培养和语文能力提升的教育定位，必须探索语文教育的新思维，实施新策略，建立语文教育的新模式，从教育观念、教学内容、教学方法、教学手段以及考核模式方面进行全方位的改革。

"人文语文"的内容与"文学"的内容相比，呈现出综合化的趋势，符合当代学术发展、学科综合的潮流。它涵盖了传统的"文、史、哲"的内容，传统的文学是文史哲合一的，这也就是我们今天所说的"大文学"概念，是人文学科意义上的语文。它的内容明确指向了大学生的精神价值层面，在利用文本对学生进行人文素质教育的同时，绝非狭义的文学作品所能做到的。它需要文学、哲学、史学、美学、宗教学、语言学、心理学、伦理学等多学科知识的相互阐释与观照，才能得出一个清晰、确切、合理的答案。没有哲学、史学、宗教学、心理学、美学、人类学等学科知识的思考，就不可能真正地理解文学艺术与语言。由此可见，上述人文语文需要诸多学科一体化的呈现、一体化的阐释，而这个"一体化"刚好就构成了人文学科的基础理论。语文作为一门公共基础性的综合性课程，是以文学、文化文本为载体对学生进行人文思想的系统阐释，而绝非人文学科中各分支学科的简单相加，它能够给大学生一个系统的人文思想框架，而且范围内涵明确，学科定位清楚。

"大语文——人文语文"教育观的提出，是应对经济全球化而导致的文化全球化的策略，是时代对语文教育提出的更高要求，是语文学科主动适应社会发展的必然趋势，是直接着眼于自然科学与人文科学的互渗互动，直接着眼于人文科学系统中各门具体学科之间的互渗互动，直接着眼于21世纪中国高等学校非中文专业学生的实际需要，更是实现当前语文教育面 I 临尴尬处境的突围策略，也是实现由传统的"工具语文"向当代"人文语文"发展的一次革命性飞跃。当前的语文教育之所以危机四伏，困惑重重，除了我国当前多元文化的影响、主管教育部门不作为、课程定位不明确等原因之外，更重要的原因还在于我们的语文教育思想、教育观念、教学内容、教学方法、教学手段比较陈旧，无法满足当前语境下的语文教育。如果不改变陈旧的语文教育思想，要想迎来语文教育的春天，是根本不可能的。笔者认为思想是指路的明灯，是一切行动的指南。没有创新的教学思想，就不会有正确的改革行动。语文改革要想走出目前的困境，首先要有观念上的突破和思想上的创新。到目前为止，仍有一部分语文教学工作者徘徊在传统的语文教学模式上，不顾对象特点和现实情况，坚持所谓"纯文学"的教学思想，重复着四段论的多年一贯制的陈旧教学模式，使语文教学严重背离了当下的时代语境和教学对象的特点，这种教学思想和方法必然会导致误区甚至出现令人尴尬的局面。今天的中国社会，在全球化浪潮的推动下，已发生了重大转型，过去那种"一元"与"二元"的价值观念，今天正朝着多元化的方向发展，旧的环境正在被打破，新的次序还未建立，学生的思想正处于一个困惑、迷茫的状态。西方大众文化进入中国，从边缘走向中心，正在与中国传统的文化进行着激烈的较量，极大地挤占了中国文学与文化的生存空间，使当代学生的知识构成、价值观念、思维方式及其生活方式发生了重大改变，传统的纯文学教学语境已不复存在。再加上全球范围内兴起的文学研究的文化研究转向，极大地改变着文学及语文教学环境。与其他学科一样，文学教学与研究为了生存也在不断地越界、扩容，拓展自己的空间；学科之间的边界正在变得十分模糊，一批人文学者，尤其是从事文学研究的人文学者，正在转移自己的研究观点，从高高在上的纯文学殿堂投身到丰富多彩的现实和社会中来，解读和阐释新产生的各种社会文化现象，以满足社会发展的精神需求。

因此，作为培养大学生人文素质的主干课程——语文，必须面向上述语境，按照与时俱进的原则，全面创新思维，在守正出新的基础上，更应当在"新"字与"文"字上做文章，不再仅形式要新、内容要新，而且教法更要新，要使语文与传i统语文相比，真正做到脱胎换骨，只有做好、做足了"新"字全这篇文章，才能更好地满足学生的兴趣与需求，最大限度地激起他们的求知欲望，变要学生接受语文为学生要学大学语芝文。学生受益了，兴趣浓厚了，学校不得不重视，学校重视了，亏语文的小环境突围就解决了，这是从内部开花、从小环境；开始向外突围的突破方式，也是语文突出重围的首选方式。构建"大语文——人文语文"的教育观，不等十泛化语文教育。要真正提高语文教育的质量和效率，全面发挥它整体的育人功能，提升人文素质，不能局限于书本和课堂，还必须放眼于学生的整个生活，因为学生的生命是整体的。再者，语文教育的内容涉及生活的方方面面，如果只将其抽取为课堂教学中简单的知识目标，忽视它们与生活之间的血肉联系，那实际上是对语文教育的丰富意蕴和文化价值的阉割，所以必须把语文教育看作一个文化过程，以促进学生生命成长、整体发展和精神成人，必须从生活着眼，实施"大语文——人文语文"教育。

实施"大语文——人文语文"的教育观，就是把"人文文化"作为语文教学的主线，全面打通文、史、哲、艺术、宗教、伦理、心理、语言等人文科学内各分类学科之间的知识界限，把文本放在文化的大背景中，进行整体观照。对文本的解读，不能只重一面，而忽视其他。以文化的视角整体观照文本作品，"必须要求全面考察文学与社会，文学与哲学、文学与艺术、文学与宗教、文学与科技等多方面的关系，而不能仅仅孤立地看待作品本身，也不能仅仅寻找文本与社会的简单对应，要深刻挖掘文本中潜藏的文化现象，如智慧谋略、价值认同、崇拜观念、精神趣味、民俗风情、神话传统等"，让学生全方位地接受多种知识信息。所以，在当前大学生人文素质相对薄弱，人文课程开设较少的情况下，语文作为核心课程就肩负起了培养大学生人文素质的重任。在整个语文教学中，必须牢牢握住"文化"这根主线，打破学科间界限森严、各自为政的局面，让学科之间、知识之间建立起共融的结构关系，以适应创新型和复合型人才培养的要求，进～步拓展学生的视野，开启学生的智慧，以培养大学生长远的战略眼光、未来意识和整合知识的能力。实施"大语文——人文语文"的教育观，必须特别注重课程设计与教学过程的文化渗透。课程设计必须坚持"以人文文化为本位，立足现实、面向未来，着眼于学生长远的全面的发展。""应以人类深厚的文化遗产为基础，同时体现出对现代社会生活现状和未来命运的关系。"在教学内容的安排上，应该选取最有利于学生人文素质发展的具有认知价值，迁移价值（应用价值）和情感价值的先进文化。例如：当我们在讲授《诗一经》专题时，必须重点关注《诗经》中的婚姻爱情诗和战争徭役诗两类。《诗经》305首中，抒写男女相思相恋相爱的各种情感的诗篇，约有50首，占总数的1／6。这些爱情诗真实生动地再现了上古时期青年男女相恋相爱的世俗生活，"展现了淳朴而又自由的上古民风，体现了中华民族艺术童年时的精神风貌。"通过对《诗经》中男女青年各种爱情观的分析，引导学生去思索当下的爱情观及恋爱行为，这就实现了知识的有效迁移。笔者认为通过以文学文本为中心的解读而得到的有当代价值的文化意蕴与学生的专业和当下的生活进行对接，再通过～定的案例教学，就一定会激起学生的兴趣，从而达到文化知识的有效迁移这一目的（具体案例见文尾附录）。除了上述优秀的传统文化外，对于全球化背景下渗入的多元异质文化也要给予高度关注。这种多元异质文化是随着网络技术和现代传媒的发展而兴起的，它日益影响着人们的文化视野。面对大众流行文化，青年大学生思维活跃，观念开放，易于接受；但由于涉世不深，经验不足，文化分辨力不强，往往又盲目追从，甚至误入歧途。因而大学人文语文在教学内容的选择上必须介入这一内容。

第二节 语言学研究方法与语文教育改革新理念

语文教育改革新模式的建立，不能在单纯的语文学科内转圈子，必须大力借鉴相关学科的理论研究成果和研究方法。改革要符合时代的需要，要面向现代化，面向世界，面向未来，要依据"大语文——人文语文"教育观，倡导大视野，从观念、内容、方法到手段都要有时代气息、超前意识、开放意识。"大语文"教育观要求克服语文课程孤立、封闭、凝固、僵化的弊端，建构起课内外联系、校内外沟通、学科间相融的语文课程体系。这种大系统、跨学科的开放性思维，将会使每个人的潜能得到充分的发挥，并给语文教育带来新的活力。创新的语文教育模式必须能够适应创新型人才的培养，必须体现出系统性、人文性、学术性、交叉性、开放性、多元性、趣味性、应用性等多种特征，应有利于学生人文素质的养成和语文能力的提升，有利于学生创造性思维的发展。语文教育应该是一种使学生增长见识、开发心智的学科。通过语文教育应该使学生的视野更加开阔，思维开加敏捷，并且具有丰富的人文底蕴，懂得许多做人的道理及自己身上肩负的家庭、社会、历史责任，懂得中国光辉灿烂的文化承传，使学生成为有思想、有文化、有知识、有情感、有社会责任感的全面发展的精神丰富之人。传统的语文教育，虽然也讲文学审美性，但侧重点只放在"语"字上。把语文主要是作为一门工具性课程来教，严重忽视"文"（人文文化）的内容。这与当今全球化的发展背景以及社会对复合型人才的需求是背道而驰的。因此语文新教学模式应该推动传统语文向现代语文的转型，由过去狭义封闭的学科语文向广义开放的人文语文的拓展。力争在目标定位、课程内容、教学方法、教学手段、评价方式上有重大突破，以达到观念创新、内容创新、方法创新、手段创新、模式创新的目的，建立起更加符合当前文化语境，更能满足社会需求，综合拓展学生人文素质和语文能力提升的大语文教育课程体系。

传统教育中语文学科的地位非常重要，现代教育中，由于受学科专业化、细分化的影响，以及整体人文环境的滑坡，再加上实用至上主义价值观的进一步深化，使得高校中国语文教育的语境发生了很大的改变。正是基于人文教育困惑的语境，作为对大学生进行文化素质教育的主干课程语文教育也处境尴尬。有学者主张"高校语文教育的突围寄希望于整体人文环境的突围"，而更多高校语文教育工作者，则希望能够通过自身的内在的努力，进行课程创新，进而达到从内部突围的目的，反映这一内部突围的理论和实践成果有很多，本文则以语言学理论研究的方法论视野来关注高校语文教育改革，希望能建构一种新的教育理念。

语言学研究的方法论视野。语言学是当代的显学。语言学研究的文化研究转向，催生了许多新的学科，语言学理论及其研究方法的创新与迁移，引起了人文学科的革命。从语言学的角度来看，学科交叉可以发现新的研究视野，产生新的理论和方法，推动语言学和其他学科的发展。语言学在当今之所以是一门显学和领先的科学，是因为它不断产生新的交叉科学，如，人类语言学，社会语言学，文化语言学，数理语言学，神经语言学，计算语言学，工程语言学等等。这些新兴的交叉学科都：已成为科学的前沿，推动科学的快速发展，语言学的这种基础、『前沿、领先的地位，就是因为它给别的学科发展提供了方法论。：语言是一门科学，它有其特殊的研究方法，很多语言学者通过长期的研究探索，形成了各自特色的语言研究方法，本文笔者所谈的特殊研究方法，主要是指著名语言学家华中师范大学邢。福义教授提出的"两个三角"的语言研究方法，这种方法不但适用于语言学本身的研究，同时也适用于其他方面的研究，邢教授的"两个三角"语言研究方法理论内容是指："表—里—值"三角和"普—方—古"三角。表，指语表形式；里，指语里意义；值，指语用价值。邢福义教授认为，任何一个语法事实都有语表形式、语里意义和语用价值三个部分，要弄清一个语法事实，有必要由表察里，由里究表，表里验证。这涉及"表""里"两角，要弄清一个语法事实，往往还有必要考察在语言表达系统中的特定的语用价值，即语里同义，语表异形，究其语值，这就在"表""里"两角的基础上进一步撑起了"值"角，另一个"普—方—古"三角中的普，指普通话，方指方言，古，指广义的古汉语，包括近代汉语，普通话往往可以在方言或古代近代汉语里找到印证的材料。研究现在的汉语语法，一方面可以立足于"普"，横看方言，以方证"普"；另一方面可以立足于今，上看古汉，以古论今。两个方面合起来，便成为以"普"为基角，撑开了"方"角和"普角"。两个三角中，"表—里—值"是小三角，"一方—古"是大三角，两个三角结合使用，互相印证。邢教授的"表—里—值"语言研究方法，对目前高校语文教育改革，提供了重要启示。

基于"表—里—值"理论视角的高校语文教育改革新理念。邢福义教授"表—里—值"语言学研究方法也为高校中国语文教育改革提供了新的视角。传统的语文教育只是把语文当作一种工具，其着重点主要在表层的语言运用，语文教育主要是谚字教育，写作教育，只注意到语文教育的形而下层面，失落了语文教育的形而上层面——文化教育与人格教育，结果使学生语文水平与语文素养下降的问题，愈演愈烈，最终在教育的高端阶段——大学里暴露出来。出现青年学生母语水平如此低下的原因，并不能全怪罪于大学，原因很多，但我们除了查找高校自身的课程设置有问题之外，我们还必须到中学乃至小学教学中去查找，如果我们把小学、中学、大学比喻为一条教育的长河，小学无疑处于教育长河的上游，中学处于教育长河的中游，大学处于教育长河的下游，下游水源枯竭或水质不好，我们不能不到上游、中游去找原因。令人高兴的是，最近几年来，中、小学语文教育改革力度很大，尤其是高中语文教育改革内容进一步拓展与深化，直逼高校语文教育改革。高校语文教育改革的当务之急是要寻找新的教学理论，树立新的教育理念。在科学和教学领域里，任何一个正确的理论和方法都不可能包打天下，都不可能放之四海而皆准，都有其局限性，因此，教育理论与理念应当提倡多元化。笔者认为，积极寻找和借鉴相关学科的研究理论与方法，是目前高校语文教育改革的必由之路。将邢福义教授"表—里—值"三角语言研究方法引进语文教育改革领域，并进行新的阐释与拓展运用，应是一种新思路，对于建构高校语文教育新理念，应是一种新策略。对语表视角——语义本位的传统语文教育观的反思。"表"在邢福义教授的语言研究方法中，被解释为处于表层的语言形式或语言事实。它是客观存在于社会生活之中的，那么在语文教育中的"表"则是指以语言文字形式存在的文本。传统的语文教育把着重点放在表层的语义学上，重在对文本的字、词、句、段、篇等含义进行求证，重在一般层面上的语文知识讲解，而对其语言文本蕴含的深层内容（相当于邢教授所说的"里"）文化则弃之一边，这种以语义学所构建的语文教学体系，在考核试卷上的体现是到处千篇一律、大人式的、严格的、规范的所谓正确答案，实际上这种语文教育体系严重违背了教学规律，束缚了学生认知心理发展，败坏了学生的胃口，更阻碍了教师对文本的深入解读，也不利于母语文化的传承。它使本来应该充满生机活力与灵性的语文教育变得枯燥、乏味、呆板、毫无灵性，从而造成课堂效益低下，课程地位边缘化，所以建立起由表及里的语文教育体系势在必行。

"语里"视角——人文本位语文教育观的确立。"里"在邢教授的"三角"研究方法中，被解释为表层语言现象背后蕴含的深层的、本质的、规律性的东西。那么语文教育中的"里"又是什么呢？笔者认为，语文教育中的"里"应该是语言文本背后深藏的文化内容。这是传统语文教育严重忽视和冷落的东西，而它又恰恰是语文教育的核心灵魂之所在。传统语文教育只注重表层，从语言到语言，而根本没有进入语文教育的核心内容，做的是舍本逐末的事情。只有由表层语言深入里层文化，才是语文教育的返本归宗。因为语文教育并非只是"知识获得的过程"，而更是一个文化的过程，是学生生命成长、精神建构的过程。这个过程浸透着文化的精髓，包容着丰富的文化意蕴，跳动着生生不息的文化命脉，是有鲜明的文化特质与文化功能的。语文教育由表及里过程，是以解构语言本位教育观和建构人文文化为本位的语文教育价值观的过程；是一个陶冶人性，唤醒灵魂，建立人格与精神世界，给人以安身立命之本，促进生命个体总体生成的过程；是语文教育理念的一个根本性变革；是语文教育境界的一个时代性提升。表层与里层的关系，是现象与本质的关系，语文教育的载体是以语言文字形式存在的各类文本，凝结着人类文化的精神，通过语文教育过程，可以让学生饱览中国传统文化和各国丰富多样的文化形态。因而由表入里的过程，才可以使那些隐含在文字符号深层下的人的情感、态度、意志等精神与文化的东西发掘出来，从而达到启迪灵性，塑造人格的目的。正如德国哲学家卡西尔在其著作《人论》中指出的那样，"在人类世界中，我们发现一个看来是人类生命特征标志的新特征（与动物功能圈相比）。人的功能圈不仅仅是在量上有所扩大，而且经历了一个质的变化，在使自己适应于环境方面，人仿佛已经发现了一种新的方法，除了在一切动物种属中都可能看到的感受器系统和效应器系统以外，在人那里还可发现可被之为符号系统的第三环节，它存在于这两个系统之间，这个新地获得物改变了整个的人类生活""人不再生活在一个单纯的物理宇宙之中，而是生活在一个符号宇宙之中。""所有这些文化形式都是符号形式，因此，我们应当把人定义为符号的动物来取代把人定义为理性的动物"。从卡西尔的上述论证中，我们看到了通过符号系统来认识世界是人区别于一般动物的重要表征，人的世界是符号的世界、文化的世界。语文作为一种人类的符号，在人类的符号行为中占有重要的地位。语文教育是一切其他学科教育的基础，没有它寸步难行。正是通过语文的学习，打开了人类认识世界的窗口，使人类认识了自己，认识了社会，认识了人生。正是从这个方面，笔者认为，语文教育的由表及里过程，也就是人文语文教育价值观确立的过程，它让我们站在一个更高的角度来审视和反思传统的语文教育，构建符合人性发展和时代特征的新语文教育体系。

"语值"视角——语用学语文教育体系的建构。在邢福义教授的"表—里—值"三角理论中，"值"被解释为语言的使用价值，即研究语言的实用价值问题。如果我们研究的某一语言现象不能解决现实语言中的问题，那将是毫无意义的研究。笔者将邢福义教授的这种观点迁移到语文教育中来，强调语文教育的最终目的，不是学生掌握了字、词、句的多少含义，而是在于学生能否在一定的语境中正确、合理、妥帖地进行表达，并将已学过的字、词、句、篇等内容，根据语境的需要加以运用。笔者认为，能做到这一步，只是完成了"形而下"之用，而更重要的还在于要达到"形而上"之用的境界。所谓"形而上"之用就是对语文学习中获得的文本文化资源，通过对接学生的现实生活与专业实际，进行开发与运用，说具体一点，就是要实现由"用器"（语言表达）到"用道"（用智慧）的认识论飞跃。语文文本内藏十分丰富的文化资源，历代典籍经过岁月的淘洗，文士的取舍，而留存传世的，大多是优秀典籍，堪称先民智慧的结晶，中华文化的瑰宝。华夏民族的性格特征、意识形态、思维模式、文化现象，多具体体现在传世的文本经典之中。这些经典文献，薪火相传，逐渐形成华夏民族在知识和洞见方面的优越性。笔者认为，对经典文本的阅读与研究，不只是文化的传承而已，更应该具有现代意义。通过对经典文本的创意思考，现代阐释，当代转化，达到古为今用，文化创新的目的，这也是传统文学文化经典的当代出路。大学语文教育必须以宽广的视野、学科融合与交叉的眼光，对文学文化经典进行创新解读，对学科知识进行整合研究，让传统文化、古典文本，老树发新枝，腐朽出神奇。如《左传》的叙事策略与商场竞争智慧；传统哲学经典与现代企业管理，古典诗词的人生体悟及其科学意蕴等选题中，我们都可感受到经典文本的当代价值和意义。由"语里"再到"语用"的认识论飞跃，就为当前高校语文教育改革提供了一条的思路，亦即通过语言文本解读，探寻语言背负的民族传统文化，再将阐释出来的民族文化与学生的现实生活对接，与专业对接，使语文教育更好地契合了当代实用主义语境，使文本的语用价值最终体现出来，这对于学生人文素质的培养和母语文化水平的提升，充分释放学生灵性，再造语文学科的引力场，都会起到很大的作用。综上所述，邢教授的"表—里—值"语言研究方法，开启了高校大学语文教学改革的新思路，由表及里的过程，建构了由语言本位向人文本位转变的语文教育新理念：由里及值的过程，构建了契合当代语境的语用学语文教学体系，为语文教育找到了活水源头。

第三节 跨学科研究与语文课程内容的文化建构

语文的课程目标和教学观念、教学思想确立后，接下来要解决的是教学内容与教学方法的问题，本节着重论述课程内容的文化建构问题，教学方法问题将放在下一节论述。

一、跨学科研究与文本中心内容发散法

"跨学科"一词最早在 20 世纪 20 年代美国纽约出现，其最初含义大致相当于"合作研究"。我国 1985 年召开"交叉科学大会"，随后"交叉科学"一词在科学界广为传播。直到 20 世纪 90 年代有学者开始用"跨学科"一词代替"交叉科学"。跨学科研究是当今学术界引用得最多的一种术语，也是学术研究用得最多的一种方法。跨学科既有自然、社会、人文三大学科的跨越，也有各分支学科内的跨越融合。跨学科的目的主要在于通过超越以往分门别类的研究方式，实现对问题的整合性研究。目前国际上比较有前景的新兴学科大多都具有跨学科的性质。跨学科研究本身也体现了当代科学探索的一种新范式。由于与传统研究有很大不同，因此当前的跨学科研究呈现出一些新的态势和特点。其一，学科跨度加大、数目增加、非学科类内容日益增多，方式日趋复杂，界限越来越不明晰；其二，科学研究中不同学科和领域的人们自觉地走到一起开展合作性的科学研究，学科封闭越来越没有市场和发展空间；其三，人文与社会科学成为跨学科研究的活跃领域，它们甚至大规模地向自然科学和技术进行反向渗透；其四，社会开始不断接纳跨学科研究的价值观。学校中各级各类的通识教育特别是人文教育都在试图克服由于分科知识单一化教育所带来的多种弊端，社会对人才的选择上呈现出日益强调综合素质的趋势。各种大型科研项目都组织多学科背景人员参与。以上这些特点都展现了跨学科研究的良好发展势头。实际上，人们常说的素质教育，其科学基础之一就是跨学科研究。因此，借鉴跨学科研究理论与方法，就成为当前语文课程内容改革的重要理论依据。

"文本中心内容发散教学法"是笔者依据跨学科理论探索出来的系统和拓展语文课程内容的有效方法。这种方法更有利于实现学科交叉和不同背景知识的链接，有效提高大学生的人文综合素质。其具体做法和内容是：

在教学内容上，要根据大学生的特点，采用大容量的课堂教学法，以文本（作品）为中心，从语言文字层面、文学层面、文化层面等多角度去透视解析文本（作品），并以作品为中心，广泛联系社会和当今生活、工作、学习实际，引入多方面的内容。这样既做到了雅俗共赏，又扩大了学生的知识面，同时也使本课程充满了趣味性，更好地拓展了学生的多项素质。如在讲授《采薇》这个作品时，以本文为中心，可以引入如下内容：1.《诗经》的由来、内容构成、艺术成就及对后代文学的影响；2.《诗经》的现实主义创作风格，赋、比、

兴的艺术表现手法，重章叠句的结构形式；3. 为帮助学生更好地理解作品内容，可对作品中的关键字如："采、莫、家、王、行、君、子"等字，从文字学方面去解析，从而带出其文化含义，这就引入了学生既熟悉又陌生的汉字文化知识，本文重点讲述"家文化"；4. 由于这首诗写的是战士的戍边情感生活，与国防和军事有关，因而也可引入中国的国防观念以及中国文化中的内容"以和为贵"的"和"文化内容，进而阐述现代"和"的思想内容（包括和谐、和睦、和平、祥和、和善、中和等含义），其中蕴含着和以处众、和衷共济、政通人和、内和#t–Jl瞑等深刻的处世哲学和人生理念，这种思想对于处理当今国际关系、人与人之间的关系、商业关系以及人与自然的关系，具有普遍的指导意义，尤其在处理经济贸易关系上，"和"就是和气生财、互惠互利、谋取双赢、着眼整体、看到长远。"和"的思想也是经商之道、发财之道、发展之道。当然，这里还可以结合不同专业，引入企业文化等内容。以上这四个方面的内容都是围绕《采薇》这个作品引发出来的，所涉及的知识面是相当广的，笔者把这种以文本（作品）为中心，延伸教学内容的方法叫"文本中心内容发散法"，而这些内容的引入不仅增加了课堂信息量，而且对于提高学生的综合素质将起到很大的作用。

在教学方法上，更加重视对学生的学习方法的指导力度。在当今信息社会，知识更新快速加剧的背景下，笔者认为"教方法"比"教知识"更为重要，提高学生自主从多种渠道获取知识的能力比单纯的依靠老师的传授而积累知识更重要。语文学家吕叔湘先生曾经说过：教学、教学、就是要教学生学，要把学习的方法教给学生，这样，学生就可受用一辈子。从"教"字的构形来看，从孝从文。教什么，先教孝道，类似于今天的德育，而右边的"文"在甲骨文中的构形表意为一个人拿着棍棒或尺子敲打，实际上指的就是教学方法问题。可见，"教"字本身向我们提供了教什么，怎么教的问题。所以，授之以法非常重要。语文教学应该让学生"得法于课内，受益于课外"。教给学生方法，让他们自己去尝试、去领悟，最终达到融会贯通的目的。由于现代教育是终身教育，因此让学生获得自学的方法才是最根本的根本。更加重视发挥学生的主体积极性，开展研究性教学，把教学内容课题化，亦即把所讲内容分成若干子课题，再把全班学生分成几个小组，每个小组负责一个课题，分别去收集、查阅资料，再形成观点，然后，在课堂上给出一定时间，让小组代表就本课题内容进行发言交流，老师最后总结。尽管这种方法较费时，但学生将会有很大的收益。在这个过程中，学生成为了学习的主体，同时，他们的自主能动性、创新精神可以最大限度地发挥出来。再者，学生在解答问题过程中，必然要查阅大量资料，这样也开阔了眼界，扩大了知识面。这种课题式的教学方法能让学生主动而又轻松地参与学习，不再为了学习课文而学习课文，做课文的奴隶，真正成为学习的主人，而老师在整个教学过程中只起着主持、组织、引导的作用。语文学习，素质的提高，是一个潜移默化的过程，其中需要学生积极主动参与，亲身实践，培养悟性，才能"水到渠成"。

更加重视对学生的创新意识、创新精神、创造能力的培养。江泽民总书记曾经指出："创新是一个民族进步的灵魂"，"教育在培养民族创新精神和培养创造性人才方面，肩负着特殊的使命。"语文教学是一门思维性很强的学科，在创新教育中具有独特优势。语文教学的核心是思维能力，学生阅读文本、理解词句都是思维的结果，教师课堂教学的主要任务之一就是要开发学生的形象思维能力、逻辑思维能力和分析解决问题的创新思维能力。在分析文本时，引导学生运用社会——历史分析法、文本细读法、精神分析法、结构主义分析法等多种方法，从语言、文学、文化等角度去透视文本作品的主题。鼓励学生对问题进行大胆质疑、析疑、辨疑，让学生学会思考，并在思考中提出自己独到的有创新意识的见解，以此来点燃学生创造性的火花，培养学生的创新精神和成功意识。另外，在课堂教学中要营造民主平等的气氛，让学生畅所欲言，说别人没说过的话，发表有创意的见解。这样，创新的素质教育才能够落实。更加重视将语文学科前沿研究的最新成果引入课堂，积极寻找现代语文教学与专业教学的结合点，使学生能做到学用结合。如在讲授《老子》作品时，可将老子的"无为思想"、"水德"和现代企业管理结合起来，充分发掘传统文化思想的精华，做到古为今用。在当今时代，随着经济全球化趋势的进一步加强，出现了文学文化化、文化经济化、经济文化化等现象。文化与经济按传统观念本是风马牛不相及的两个事物，但在市场经济的条件下，已变得密不可分。而且文学、文化的经济化倾向也更加突出地表现出来。如今，许多重大的经济活动和市场运行都需要借用文化这个背景。所谓"文化搭台，经贸唱戏"已成为许多地方发展经济的共识。文化资源演变成经济资源，成为发展经济的一个重要手段。可以认为，当今经济的发展一刻也离不开文化的支持。当今我们已进入了消费主义时代，人们的消费观念发生了很大变化，其特点可以认为是："吃文化、穿文化、玩文化、用文化"。如：人们吃麦当劳并不是为了解决温饱问题，而主要是为了享受麦当劳那种轻松、方便、快速的文化氛围；穿着得体、时尚的品牌衣服主要是为了张扬个性、显示品位等。因此，作为新世纪的大学生，掌握一定的文化知识（中国文化、西方文化），对于将来所从事的工作，会起到很大的作用。现今社会，无论是产品的研究开发，还是市场营销、国际贸易、企业管理、公共关系、广告设计、旅游、导游等专业都离不开文化的背景，因此，从文化的视角去讲解文本，将成为语文教学的一个重要方法。

在教学目标上，运用"文本中心内容发散法"组织教学，并通过"教、学、思、行"的过程，使学生的知识上升为"意识"，并将其转化为人才理念，这是最终目标。在知识经济时代，人才是最宝贵的资源，为适应社会经济的发展，社会向人们提出了全方位的要求，"人的全面发展"、"人的价值实现"、"以人为本"的口号，影响到了社会经济、政治、文化、科学、管理等各个学科领域。在生产力快速发展、物质生活水平日益提高的情况下，世界上经济比较发达的国家都非常重视本民族优秀文化传统教育和吸收其他国家的先进文化，原因是高度发达的科技和丰富的物质财富，并非能带来高度的精神文明，相反，有些国家和地区却面临着深刻的精神文化危机，如个性畸形、人格堕落、人际关系冷漠，这直接影响了社会的协调发展。青年学生进入了大学，有了高学历，掌握了高技术，并不必然有了做人的理智和良心。部分学生在精神追求、文化修养、身心健康方面存在着严重的人格缺陷。一部分学生只谈论金钱、利己和以自我为中心，甚至发展到见利忘义、丧失国格与人格的地步。如果我们培养的学生只懂专业知识，不懂本民族的历史与文化，没有理想，不讲礼貌，不讲奉献，心胸狭窄，趣味庸俗，这与我国的教育方针是背道而驰的。因此，语文教学坚持以素质教育为中心，对于培养既有专业知识，又有健康人格的人才，具有重大的现实意义。在当今全球化背景下，中国人才应有三种意识，即"未来意识"、"全球意识"、"生产力意识"。具有未来意识的人才应该是高瞻远瞩，而非目光短浅、急功近利者，不会因贪小利而乱大谋。如人口、资源、环境问题上的可持续发展战略，是在决策问题上的未来意识；在全球经济一体化的今天，必须站在世界范围内认识世界发展的总趋势，做到在决策上准确定位，这就是"全球意识"。同上述两种意识相联系的是"生产力意识"，亦即"科技意识"。此外，还应有"国情意识"，谁能真正了解国情，并把吸收世界先进的社会意识与中国的国情创造性地加以结合，谁就能立于不败之地。在当今全球化的背景下，更要注重民族文化的学习，树立民族意识，增强民族凝聚力，这是综合国力竞争的重要力量，而这些是要靠人文素质教育来实现的，离开了人文素质教育，那就是空谈。因此，语文教学运用"文本中心内容发散法"，能更好地实现这一教育目的。

二、跨学科视野下的语文课程内容建构

教育的发展要和着时代的脉搏。教育对象的生活环境与就业环境发生了前所未有的变化，社会对人才素质提出了新的要求。复合型、创新型、高素质人才的培养是摆在各个高校、各旺高教工作者面前的重大课题。面对这一趋势，担负着大学生人文素质培养和语文能力提升的语文课程，在教学内容上必须大胆突破，重新组合，按照学科交叉的思想、人文素质教育的要求，走学科综合化的道路，把语文改造成以拓展学生视野、承传中国文化精神，培养学生人文素质的高等人文语文课程。其课程内容要体现以文化为主线，用文化把作品贯穿起来，形成整体，而并非作品的简单堆放与聚积。当然也要特别重视应用性。但本文所谈的应用性主要是指"形而上"的"用道"，而并非是指"形而下"的"用器"。因为语言运用能力是一个合格高中生应具备的基本能力，这~目标在高中已经完成，语文教育不应承担这一任务。如果再重复字、词、句及篇章结构的教学，那只能是剩饭重炒，对学生来讲，兴趣全无。而以文化为纲、串通文本，充分挖掘文本中所体现出的智慧谋略、价值认同、精神趣味、民俗风情等文化内容，按照学科交叉的思想，将其与当今社会对接，与学生的专业对接，并着重阐述怎样运用这些文化元素去为自己的专业服务，为其人生服务。而这一点正是传统语文教学严重缺失的，也是学生最感兴趣的。如讲先秦作品，重点挖掘前人治国、管理、人生的智慧。而讲唐宋文学重点突出作品所体现的亲情、友情、爱情、乡情等人文关怀，以对接学生的当今生活，学生对此有浓厚的兴趣。这里可以充分实现人文学科与社会学科和自然学科的相互交叉和相融，真正引发学生对语文的兴趣。因为这里没有空洞的说教，而是把古代圣贤的思想与情感通过交叉变成了活生生的当代现实，也就是做到了化虚为实，解决了文学的当代性问题。所以按照学科交叉思想重组起来的大学人文语文课程，最大限度地涵盖了文、史、哲、艺术等人文学科知识，并且实现了三大学科的合流，打破了学科间界限森严的现象，让学科之间、知识之间建立了共融的结构关系。这种按交叉思想组建起来的课程，适应了创新型和复合型人才培养的要求。笔者认为，依照跨学科研究理论与方法建构起来的语文课程内容，必须呈现以下特征：

其一，确立"人文素质培养加语文能力提升"的课程定位。针对普通院校注重应用型人才培养的特点，将人文与语文相结合，强调人文性、综合性、拓展性。在语文教育观念方面，坚持"大语文"的教育思路，改传统的"语文"为新型的"人文语文"课程模式，特别强调语文与民族文化的同构关系。语文是民族文化积淀的地质层，是民族文化的重要组成部分。汉语文教育作为中华民族的母语教育，既承担着传承民族文化知识、历练语文能力的责任，又必须以涵化民族情感、唤醒民族意识、振奋民族精神为天职。因而在大学人文语文课程中，必须坚决打破传统的单向度的纯文学教育观，既关注生动、优美的文学形式载体，也注意选读哲学、美学、历史、科技等方面的作品，充分发挥文学丰富多彩、可读性强的优势，使学生在美的享受中获得了更广泛和更具文化内涵的知识。同时注意提升学生的语文应用能力。笔者认为，语文的本质特性就是文化的底蕴、文化的精神。语文教育既是母语教育，更是文化教育。语言作为人类区别于动物的一个最重要的文化符号，它既是人类透视世界文化的窗口，同时也是人们探求民族文化精神的通道。正如著名的语言学大师索绪尔所言："语言学同民族学关系很密切。……一个民族的风俗习惯常会在他的语言中有所反映，在很大程度上，构成民族的正是语言。"作为一种文化载体和传递手段的民族语言，其中蕴含着特定民族的习俗、思想情感、经验等文化的因素。故语文教育的过程，就是传承民族文化的过程，是聆听圣贤先哲智慧、感悟华夏文明精魂、触摸民族文化血脉、体验民族文化情感的过程。所以，在今天文化全球化的语境下，作为一种回应，强调"人文素质培养加语文能力提升"的"大学人文语文"教育是对传统的语文教育韵一种拓展，一种提升。

其二，必须体现由知识本位走向人文本位的人本化特征。传统的语文教育和教材编写着重于以文本讲解为中心，以知识传授为本位。这种编写思想强化了知识工具论，但忽视了学生的个性发展和人格建构，不能充分发挥语文教育的育人功能，造成了语文教育的文化缺场，不利于学生人文素质的发展。人文语文顺应了当今世界各国语文教材编写追求的潮流，从结构到内容，再到教学理论与方法，体现了由知识本位走向人文本位，由死板的知识形态走向鲜活的生命形态的人本化趋势。通过语文教育，引导学生"认识自己，认识社会，认识自我，规划人生"，引导学生富有个性地学习与发展，从而实现学生语文知识、语文能力和语文精神的全面提升。

按照人文性定位建构起来的大学人文语文课程，打破了传统以知识接受为本位的教材结构，建构了以人格发展，精神成人为本位的内容体系。具体表现在突破文选的旧框，建构以文化为主线，反映人文学科全局的结构模式。突破了封闭的纯文学系统，建构了文本内容的开放体系。增强了人文内容，突出了语文教材的文化特征与文化功能，注重对文本文化资源的开发与利用，使语文教材成为学生学习民族文化，理解多元文化，吸收中华民族和其他民族文化智慧的发展平台。为了拓展学生视野，培养学生独立学习和思考的能力，更好地沟通人文科学与自然科学和社会科学，拓展系统知识，课程内容依据跨学科理论可按专题排列，着重选取最有时代价值的先进文化。这有利于学生自学能力和研究方法的培养，有利于学生创造性的学习，有利于学生的学识升华和深化，形成独见，并最终达到促进学生的人格发展和精神成人的目的。

其三，必须引领语文教育由学科隔离走向学科融合的综合化潮流。传统的语文教材大都走的是文选的路子，所选内容往往杂而无序，没有系统性，潜在的因素与应试教育有着千丝万缕的联系。这种结构与内容编排方式不利于学生系统知识的建构，不利于学生整体素质的提升与发展。正是钊1对这一现实与不足，以"大语文观"建构的大学人文语文有意探索一条拓展语文的新思路，突出整合化的特点。具体来讲，就是突出知识板块由割裂走向融会、由学科隔离走向学科沟通，特别注重促进学生的整体发展，以适应现实生活和学生自我发展的需要。随着课程整合观的确立和课程整合理论研究的深化，世界各国语文教材的编写，都特别重视语文学科内板块之间和语文学科外不同学科之间知识的沟通与融合，特别注重加强语文课程教材与社会发展、科技进步的联系，加强与其他课程的沟通，注重跨领域、跨学科的学习。对跨学科领域的整合，主要是强调课程内容跨学科领域知识的沟通。就文本的选择来看，要力求丰富、形式多样，融合多个领域知识。社会生活、自然世界、人生情感、科技艺术都是教材整合的内容。如英国语文教材以"人与自然"为主题选择了"人与动物"、"探索自然"和"珍爱生命"三方面的文本，使课程内容由此沟通了动物学、地理学、生命科学这三大学科领域。"日本的语文教材《灰姑娘的时钟》，由童话故事灰姑娘谈到"时钟"和机械时钟的发展历史，以及不定时法则向定时法则转化所造成的雇佣劳动制与"时间等于金钱"的经济伦理观念等，并由此沟通了物理学、经济学等学科领域。可以说，语文教材是包罗万象的多彩世界，在这个世界里，让学生增长见识，开阔视野，丰富心灵，学会创造，拥有财富，升华人格。

其四，必须体现与时俱进、贴近现实语境的生活化特征。语文教育必须紧跟时代，力争与学生的生活实际相联系，注意贴近学生的生活，贴近学生的情感，贴近学生的心灵。丰富多彩的生活实际是语文教育的活水源头。传统的语文教育为了应试的需要，往往冷落或忘却了活生生的现实语境，造成语文教育与学生实际生活的隔离。前面已经论述高校语文教育面临多种语境，如文本创作的历史语境；作家创作的生活或心理语境；文本内在的上下文语境；文本的当代教学语境等。语文教育的课程内容必须考虑和关注这些语境。任何脱离语境的教材和教学，必然会带来语文教育自身的边缘化。所以，无论是专题安排、文本选择、研读资料、练习设计、还是教学方法都应贴近学生心理发展水平，向学生现实生活全方位开放。这种特征既能满足学生现实生活的需要，同时也着眼于学生未来生活发展的需要，符合生态教育理念。如"唐宋词与其中的人生意蕴"等专题都可以找到对接学生生活的结合点，并以此延伸，直接导入学生的生活，有利于形成共鸣。另外，梁启超的《论毅力》、余秋雨的《苏东坡突围》、朱光潜的《美感教育》、米兰.昆德拉的《生命中不能承受之轻》等选文都为学生的人生和心理发展提供了思想智慧，是生活化十足的美文。

此外，语文在解决了如何面对经典的同时，也要面对大众文学与大众文化的问题。因为学生毕竟每天都生活在这个环境之中，如何引导学生正确看待大众文学与文化，这是语文课程面临的最大语境，也足无法回避的现实。语文必须面对各种新出现的社会文化现象，并站在文化的高度，作出理性的阐释。这是语文课程的使命。

关于"大众文化"的界定，比较复杂。就目前来看，"大众文化"的定义有很多种：如威廉姆斯在他的《关键词》一书中，对"大众文化"进行了界定，其一是指"众人喜好的文化"；其二是指"不登大雅之堂的文化"。此外还有"无产阶级的、革命的、普及的、面向工农兵的文化"、"资产阶级的国家意识形态，一种以标准化、陈腐老套、保守主义、虚伪、满足浮华幻想的、受操纵的文化工业产品为标志的文化（法兰克福学派的观点）"、"次标准文化或剩余文化，即去掉了高雅文化之后剩余的那部分文化"、"商业消费文化"、"美国通俗艺术的意识形态或美国文化的代名词"、"伴随着城市化、工业化的出现而产生的城市工业文化"等定义。而当代学者金元浦教授认为："今天的'大众文化'是一个特定的范畴，它主要是指兴起于当代都市的，与当代大工业密切相关的，以全球化的现代传媒为介质大批量生产的当代文化形态，是处于消费时代或准消费时代的，由消费意识形态来筹划、引导大众的，采取时尚化运作方式的当代文化消费形态。它县现代工业和市场经济充分发展后的产物，是当代大众大规模地共同参与的当代社会文化公共空间或公共领域，是有史以来人类广泛参与的，历史上规模最大的文化事件"。大众文化是现代大众社会的产物，它反映了大多数人的文化心理和价值取向，是最有广泛的群众基础的文化。它影响着广大人民群众的精神世界的发展，影响着一个民族总体的文化素质，制约着一个民族的前进步伐。从这个意义上讲，大众文化是塑造人类灵魂的工程师，其作用不可小视。今天的中国大众文化是伴随着改革开放和市场经济的发展而兴盛起来的，它有以下几个主要的特点及其影响。

　　一是商业性。商业性的大众文化受商人经营策略的影响和控制，决定了在关照文化商品的经济效益和社会效益的过程中，经济效益始终是文化生产者关注的第一目的，而文化产品的社会及政治因素则往往处于被忽视的地位。文化产品的生产者和经营者以追求最大利润为根本驱动力和价值取向，出于商业和娱乐的需要往往对暴力、罪恶、性关系、社会矛盾及其解决方式进行种种夸张和虚假的表现，致使其内在的人文精神和价值观念受到极大地消解，从而导致享乐主义、拜金主义及虚无主义的盛行，以及出现韵文化低俗化和非理性化倾向。由于青年大学生判断力不强，往往会把虚拟的世界当作真实世界，并据此在现实生活中采取不明智的行为。如：在衣食住行方面，青年大学生进一步西化，牛仔服、肯德基、麦当劳、可口可乐、私家车、圣诞节、情人节、愚人节、好莱坞影视片、迪士尼以及未婚同居等都成为青年大学生消费和兴趣的焦点。尤其是被称为大众文化超级王国的影视文化在型塑青年大学生价值观方面影响更大。一部18集的偶像剧《流星花园》，使当代青年学生如痴如醉，继而崇拜和模仿，形成了异常火暴的"流星现象"。这种模仿看似追求时尚、个性、自由，其实是放弃个性的表现，也是盲目崇拜、泯灭自我的结果。导致了青年大学生思想的无深度及非理性化，并最终解构了崇高的理想追求和远大的奋斗目标，从而形成了急功近利的价值标准。一本《上海宝贝》竟成为大学生争相购买和阅读的畅销书，在解读此书的过程中，不断模仿，严重地解构了中华民族文化中的两性关系，使部分青年学生将未婚同居视为正常现象，也影响了大学生的"文化认同"意识，极大地冲击了传统的道德观念，进而造成当代大学生的道德沦丧，直接影响其学业的完成和社会的稳定。

另外，充斥各种媒体的广告文化以其庸俗性、媚俗性不断地制造一个又一个的理想乌托邦，传递虚假信息，煽起青年大学生的消费欲望，使他们无法静下心来钻研自己的学业，导致了浮而不实的学风的形成和价值判断的迷惘，助长了享乐主义、消费主义风气，消解了中华民族吃苦耐劳、艰苦奋斗的优良传统。

二是模式性（复制性）。由于大众文化是按照一定的程式化方式来设计文本的，对于受众来讲，读者只能在设定的程序中读解文本，只能被动地接受其意义。面对程式化的文本，读者的想象力、创造力及其个性荡然无存，这种没有思想、没有个性、一切听从J告和时尚召唤的"跟着感觉走"的非理性情绪，严重地影响了青年大学生的理性思维和批判能力的形成，更不利于当代大学生自主人格的建构。那些追求时尚和追星族的情绪化现象，是最好的证明。

三是世俗化。由于大众文化以追求具体功利为目的，以追求感官享受为满足，以眼前利益为目标，这必然会导致当代大学生行为的世俗性。对于青年大学生来讲，流行歌曲、影视文化、通俗文学、饮食文化、服饰文化、网络文化、卡通文化等大众文化才是他们津津乐道的文化产品，并从中感觉和享受着诸如"告别革命"、"拒绝壮烈"、"躲避崇高"、"渴求堕落"等非主流文化价值观的刺激，并以此方式实现自身精神生活的舒适与狂欢，并且导致当代青年大学生价值观的失衡。这种失衡主要表现在以下几个方面：一是政治观念淡化，价值观念迷失。

四是助长了青年大学生的功利实用主义和一切以我为中心的个人主义。享乐主义成为他们的文化意识形态，导致思想贫乏，缺乏对理想和信念的执着的追求，一切随波逐流。三是由于个人主义得到伸张，导致他们的社会责任感大大降低，并且消解了几千年来中国知识分子"天下兴亡，匹夫有责"的优良传统。最终导致青年大学生对革命理想、英雄主义、集体主义、爱国主义和民族主义的漠视。

因此，我们应该认识到文化全球化背景中兴起的"大众文化"是一把双刃剑。它既可以给每个国家带来美酒和鲜花，同时也带来了瘟疫和灾难。从消极的方面来看，大众文化拥有摧毁性极强的力量，它可以加速每种文化对自身源头的忘却，尤其是当它触及到处于边缘地位的脆弱文化时，其破坏作用更为明显，甚至可以造成处于弱势地位的脆弱文化的瞬间消失，引发文化的生态灾难。从积极的方面讲，大众文化的兴起，首先为中华文化注入了新鲜血液，带来了清新的异域文化气息和更为丰富的日常消费品，使我们能读到、看到、用到更多的东西，形成对世界更丰富多彩的看法，继而使本民族文化充分吸收营养，以达到推陈出新；其二，可以从外部为每个民族施加影响，促使其衍生出创新的因素；其三，催生出一种新的文化生产力，促成文化工业的崛起和发展。文化产业是21世纪的"朝阳产业"，它是未来世界经济的新的增长点，也将是国民经济的重要支柱。文化生产力的重要特征是"文化的经济化"和"经济的文化化"，以及当代"文化经济一体化"趋势。其四，大众文化提供了自由交往的公共文化空间：文化的个人空间和个性表达方式。使大多数人可以更自由方便地获得自己喜爱的文化资源。同时还创建了新的文化时尚与公共文化话题。从电视剧、服饰到流行歌曲、旅游和家庭装饰等方面，无不形塑着现代人的日常生活方式、审美趣味和价值取向。

所以，在文化全球化的语境中，我们必须要运用好"大众文化"这把双刃剑，以宽容的、健康的、积极的心态去探索如何抵制最平庸的东西和接受最优秀的东西。大众文化在中国的崛起，是全球化的必然结果，它彻底改变了中国传统社会中主流文化和精英文化一统天下的局面，形成了主流文化、大众文化和精英文化三分天下的格局。

随着全球化的发展和市场经济的充分发育，当今中国高校语文的教学语境和教学对象的知识结构都发生了很大的变化，当代大学生绝大部分都是上个世纪八十年代以后，在改革开放的环境中成长起来的。在这样一个社会转型较快、思想碰撞激烈的氛围里，学生们置身于市场经济条件下西方大众流行文化环境之中，其人生的价值取向乃至知识结构都发生了很大的变化，对现实社会中发生的种种文化现象，他们盲目追从、仿效，其行为表现为更多的非理性，不能从文化的视角去理性地进行阐释。作为以培养学生人文素质为目的语文课程对这一状况不能熟视无睹置之不理。语文教学的视野要更加开阔，应关注当今社会与现实，关注当下语境对学生的影响，引导学生正确而又理性地看待诸如流行歌曲、武侠小说、网络文学、广告、时装等时尚快餐文化，用传统优秀的文学文化经典去丰满学生浅薄、扁平的人生。语文教育说白了在很大程度上是运用母语教学生如何做人的教育，教育的任务无非是做人、做事、做学问。杨叔子院士认为：会做事的不一定会做人，会做人的一般做事也不会差。至于学问，其实就是对做人、做事的深入研究。笔者认为，有的学生有很高的专业知识，但缺乏人文精神，缺少一颗中国心，这样的人对国家不会有太大的贡献，即使本领非凡，充其量也就是个"香蕉人"——黄皮白心。因此，本文认为，大众文化进课堂，要引导，不能回避，更不能堵塞。要给学生一个宽广的学术视野、一种批判的理性，以提高对文化现象的鉴别力。语文教育要通过文学作品来关注现实和历史发展，关注中国当下的种种问题，迎接大众流行文化给中国传统的民族文化带来的诸多挑战，充分运用语文课程给中国人才培养贴上民族标识，造就一颗中国心。

第四节　文艺学理论方法与语文教法创新

　　语文教育在解决了目标和内容以后，接下来要解决的是如何组织教学的问题，即教法问题。为什么同样的教材、同样的计划、同样的课时，有的课堂效率高、信息量大、授课效果好，而有的课堂效率低，把语文教成了只孤立讲几篇课文的课程，结果是信息量小、效果差，究其主要原因是教学方法的不同。传统的语文以文选形式、单篇讲授，呈现散乱杂而无序的状态，系统性不强，这可能是能否作为学科语文的最大弱点。语文要结束无序状态，必须引入文艺学的基本理论、基本规律、基本方法。力争给学生获取文学知识的一杆猎枪、一把钥匙。笔者认为，教学是一个完整学习过程的两个方面。在信息爆炸时代，知识更新速度之快令人应接不暇。为了适应全球化的发展趋势，学生的个性发展、迁移知识、创新知识的能力，必须得到强化。而要强化这些能力必须把教授方法放在首位，学生必须掌握自由进出知识宝库的钥匙和方法。笔者认为，没有理论和规律指导的教学是低层次的教学，离开理论的知识永远只能是一盘散沙。因此文艺学的评论方法加作品个案分析的教学模式，更有利于学生语文能力的提升，人文素质的培养。

一、接受美学理论与语文读思说写一体化教育模式

　　接受美学理论对语文教育的关照。语文教育不再着眼于语言文字，而更看重的是一种艺术教育、审美教育。语文教育中的审美教育突出表现在语文的文学教育中。在文学作品教学中，为什么不能以教师的分析代替学生的学习，为什么同～篇文章有多种不同的主题和理解？这其中文艺学地接受美学理论给我们揭示了很多奥妙。

　　接受美学产生于20世纪60年代的联邦德国。其基本观点之～为：文学活动作为人类最重要的活动形式之一，并不是单纯的作家创作即文学作品的生产活动，它也是文学作品的传播、消费与接受活动。文学作品只有经过传播、消费与接收过程，其价值才能得以实现。可见，文学作品的价值在很大程度上是由阅读主体读者的阅读来体现的。阅读过程是对文学作品的再创作过程。接受美学提出的上述观点的意义在于把阅读主题和阅读过程提高到前所未有的高度。运用接受美学理论指导语文教育，我们可以发现：阅读是一种创造活动，它要求我们不能以教师的阅读教学代替学生的理解，必须尊重和鼓励学生对作品提出不同的看法：阅读活动受文本空白的制约。所谓空白是指作品中不确定的意思，能留给读者进行回味和想象的空间。接受美学认为，阅读创造与作品提供的"空白"多少有关。一般来说，诗歌 LLd，说空白更多，古典文学比现代文学空白更多，抒情性作品比叙事性作品空白更多。因此为学生选用什么样的作品，运用什么样的解读方法，使阅读教学更有价值、更有意义，是教育者必须慎重考虑的问题。阅读水平受学生的"期待视野"的制约。所谓期待

视野，是指读者在文学阅读之前及阅读过程中，作为接受主体的读者基于个人和社会的复杂原因，心理上往往会有一个既成的结构图式。这种期待视野主要呈现文本期待、形象期待和意蕴期待三个层次，它是读者理解作品的前提。在阅读中，作品总是在激发和唤醒读者的阅读期待，并在阅读中去修改、补充、重构先前的期待视野。作品离读者的期待视野越远，阅读活动越难进行，反之，读者创造想象的空间就越小。因此，读者对文本能理解到什么程度，相当程度上是由阅读期待视野决定的。语文教学必须充分利—用接受美学理论，拓展思维空间，引导学生开展多角度的探究性和创造性阅读，以进一步提升学生的阅读审美能力，开启创新创造的智慧。

"读思说写"基本功是构成语文素养的核心因素。"读"是获取信息，是"思"的前提和来源；"思"是说写的源流，说写是"思"之内容的外化；没有听读，就没有思想，也就无从说写。有了思想，不会书面表达，也不行。不过，对大学生来讲，博读更为重要。读写能力是一个人能否胜任所有工作的核心能力，是一个人是否有文化教养的试金石。在美国人的观念中，"一个人阅读水平的高低，决定着他知识总量的多少，知识总量的多少决定着他工作质量的优劣，工作质量的优劣，则决定着他薪金数目的多少。因此，阅读能力能转化为一笔经济财富"。在课堂教学过程中，采用"读思说写"一体化呈现的教学模式（以导读方法为本位、以问题引发为核心、以表达能力提升为目的），既有利于学生获取信息，丰富思想，培养学生的人文精神，也有利于提高学生的口头和书面表达能力。

二、"文本细读"与古典诗歌解读模式

传统的语文教育，是应试教育，为了求得标准答案，教师由单一的方法、固定的思维去演绎文本，学生则被动接受老师解读的答案，不敢越雷池~步。这种模式不仅效率极低，更重要的是扼杀了学生创新素质的发展。在语文教育中，古典诗词教学是其主要内容，如何引导学生快速、有效、准确地进行诗歌文本鉴赏与解读则是笔者长期关注和研究的一个重要内容。笔者认为，面对浩瀚的古典诗歌海洋，逐篇讲解的教学方法满足不了学生的需求，也达不到高效的教学目的，因此必须授之以"渔"，运用方法优先的原则，推动古典诗词教学。"文本细读"方法则是实现这一目标的最佳方法。这种方法它是建立在对文本语义的细致分析的基础上的。所谓?细读"，指对文学作品中的语言和结构要素做尽可能详尽地分析和解释，尽量揭示语言的言外之意，以求得主题的把握。"文本纽读"特别适用于篇幅短小、意蕴丰富的文本。如：《道德经》《论语》以及唐诗宋词等。笔者将这种方法引进到语文教学之中，在有限的时间内极大地提高了课堂信息量。传统的教法，有限的时间，只能讲解十余首诗词，而"文本细读"法的引进，可以使课内内容达到几十首。更重要的是学生迁移知识的能力大大增强。达到了"教为不教，学为创造"的目的。

笔者认为，含蓄是中国古典诗歌一个非常重要的美学传统。含蓄的抒情传统为"文本细读"批评方法的运用提供了良好的场所。诗歌语言高度精炼，主张启人思绪而不必说尽，力争引起"言外之意"，暗示文外曲致，以达到给读者更多的联想空间，让读者根据诗句表面所提供的蛛丝马迹去探寻诗句的深层含义。为了达到含蓄的目的，中国古典诗歌通过

大量运用隐喻、象征、夸张等修辞手法和借景抒情、采用意象和大量用典等方法来抒发作者的感情，表现作品的主题。因此要正确解读中国古典诗词，必须运用"文本细读"法，特别关注诗歌主题与传统文化的关系，特别关注诗歌中的风景描写、意象之物和典故的运用，建立古典诗词解读模式。通过细读风景、细读意象、细读典故三个方面所蕴含的内容去揭示作品的主题和意义。由于这个内容既是"大语文"研究的重点，又有较长的篇幅，故将这个内容单列出来，放在第七章专门论述。

三、"精神分析"与文本解读

除了运用"文本细读"法进行古典诗词教学外，笔者在讲解白居易的《长恨歌》和李商隐的无题诗等作品时，也有意引入弗洛伊德的"精神分析法"进行解读。"精神分析法"是运用心理学的研究成果，立足于文学作为精神活动的特殊性，对作者创作过程中的心理现象，对文学作品中所表现和包含的心理现象以及读者的欣赏心理活动进行分析的方法。精神分析学说的创立者是维也纳心理学家弗洛伊德。弗洛伊德的学生，瑞士心理学家荣格提出的集体无意识的概念将弗洛伊德的无意识理论扩展到更深远的群体心理意识。以霍兰德为代表的美国精神分析批评家把精神分析引入阅读领域，把读者的个人反应作为精神分析的对象，研究读者在与文本的相互作用中的快感和体验。弗洛伊德精神分析理论的核心内容有三点：无意识与性本能、人格结构理论以及对梦的解析。弗洛伊德认为，隐藏于人们内心深处的被压抑或遗忘的无意识精神状态，在人的全部精神活动当中占有主导地位。发现无意识活动的最佳途径是研究梦境，无意识在梦境中最为活跃，文学艺术是无意识地贮藏所。性本能是弗洛伊德全部学说的核心，他认为在梦中得到满足的愿望，不是一般的愿望，而是隐藏在无意识中的种种欲望，主要是性的欲望，无论梦境是否与性欲有关，都包含着性的意义。弗洛伊德的人格结构理论由从下到上依次为本我、自我和超我的三个层次组成。"本我"包括人类本能地性的内驱力和被压抑的无意识倾向，它按"快乐原则"来追求本能欲望的满足。"自我"的任务是在"本我"和现实之间起调节作用，它是按"现实原则"，趋利避害，为"本我"寻找一个达到目的的最佳方式。"超我"遵循"道德原则"，它要努力达到的是完美而不是快乐或现实。本我、自我和超我这三者之间是相互作用和相互抵抗的，其中"本我"的原始本能冲动是最活跃的动力因素，它们构成了人的心理活动的最本质的内容。弗洛伊德认为，梦是一种"愿望的满足"，它表现的是被压抑的本能欲望，它通过凝缩（将潜在的含义显示为一个意象）、置换（通过隐喻、暗示等方式复现无意识的欲望）、具象（将梦的隐藏含义表现为视觉形象）和二度加工（初醒时将梦中的杂乱情节构成连续的情节，用相对连续和可理解的叙述形式把梦表现出来）等方式来复现无意识的欲望。故梦与文学作品有着类似的方面，它们都源于被压抑的欲望，都求助于感性象征，都表现出对日常生活的超越，都创造了一个幻想的世界，都是通过伪装或象征手段来表现意义的。

弗洛伊德认为"精神分析法的应用绝不仅仅局限于精神病的范围，而且可以扩大到解决艺术、哲学和宗教问题"。他以文学为例，从创作的动机入手，解析了作家创作与"白日梦"

关系。此外，他还就文学作品对读者的作用提出了"分享说"，即作家把自己的无意识欲望投射到文学作品中去，而读者也把他的无意识欲望投射到他所欣赏的作品中，于是，文学作品中表现的无意识活动，在读者身上引起了类似的活动，读者从中得到了满足与享受。

弗洛伊德的精神分析方法在文学中的运用，主要是表现在：探讨作家的创作心理；分析人物的心理结构；阐释作品的潜在意义；揭示艺术创作中的集体无意识；关注读者的阅读反应。我们把这一理论运用到语文文本解读与教学中来，可以有效拓展大学生的视野，提升大学生的审美能力，培养大学生的创新思维。

例如按传统方法讲解的《长恨歌》主题是"爱情说"、"讽喻说"、"双重主题说"，尤以"双重主题说"最为大家接受。但我们如果变换一个角度，变换一种方法，从创作心理学的角度，运用"精神分析法"可能得到的主题是"作者寄托论"，而不是前面提到的三种主题。创作于公元806年，以唐玄宗与杨贵妃爱情故事为题材的长篇叙事抒情诗《长恨歌》，至2005年已进入到第1200个年头。这首长达120句的古典叙事抒情诗，由于取材于帝王，再加上白居易出色的文笔，因而影响极其深远。但对于这首经典诗作主题的解读与阐释却因各种因素的影响，而分歧甚大。总的来讲，从《长恨歌》创作至今的1200年间，学者们对这首诗主题的研究就一直未停止过，从期刊网上搜集的情况来看，从1978年至2005年，研究《长恨歌》的有关论文达1316篇，就其研究的主题来看，可以归纳为以下几个方面：一是政治讽喻的主题。持这种观点的主要原因是依据白居易委托其好友陈鸿创作的《长恨歌传》所进行的阐释。陈鸿认为，白居易创作《长恨歌》"不但感其事，亦欲惩尤物，窒乱阶，垂于将来也"。也就是借李、杨故事警告当朝统治者，勿纵情淫逸，否则会亡国碎身，这是对白居易《长恨歌》主题的最早诠释。另外，白居易本人诗歌创作所主张"文章合为时而著，诗歌合为事而作"的观点，也可作为解释讽喻主题的原因。

第二种观点认为《长恨歌》并不是讽喻的主题，而是反映封建帝王和妃子的爱情故事，持此观点的学者认为《长恨歌》所歌颂的李、杨爱情忠贞专一，在一定程度上也代表了人民的理想和愿望，对纯洁、忠贞、专～爱情的追求，也是时代的主流，因而李、杨爱情在此层面上具有了普遍的典型意义，再从全篇的结构安排来看，白居易用了将近2／3的篇幅专写李、杨二人的爱情，这也在一定程度上佐证了"爱情说"观点。有关《长恨歌》主题的第三种观点是：爱情与讽喻兼有的"双重主题说"，而这一种观点，大多数学者较认可。此种观点的依据主要是基于《长恨歌》的内容构成而言的，全诗共分两大部分，前小半部分作者主要是对李、杨二人的荒淫爱情生活及其导致的"安史之乱"作了明显的讽刺，后半部分又是对李、杨二人的爱情结局给予了极大的同情，所以从整体上来看，单独的讽喻观或爱情观都难以反映全文，只有两者相结合，主题才算完整。第四种观点是感伤主题，持这种观点的学者主要认为，"安史之乱"后，进入中唐，大唐雄风已经不再，一部分像白居易这样的知识分子和大多数群众，都对昔日的"开元盛世"有着浓烈的怀旧之情。他们希望复兴"大唐"，但大势已去，无可挽回。这一理想之梦沉重地压在人们的心头，成为中唐知识分子和百姓的心头憾事。白居易及时捕捉到了这一信息，以一首《长恨歌》这个具有象征意义的悲剧故事传递和宣泄了中唐整整一代人叹恨时事变迁的感伤情绪，白居易把《长恨歌》归于"感伤"一类，可以佐证其观点，但这种观点没有前面三种观点影响大。第五种观点是上个世纪 90 年代一部分学者提出的"三重主题说"。持这种观点的学者认为，文本主题是多义的，绝不是单一的。《长恨歌》的主题应从三个层面去阐释，那就是应该把李、杨悲剧分别看成爱情悲剧、政治悲剧和社会悲剧或者是时代悲剧去理解。这属于不同层面的三重主题，内在构成一个统一的整体，不能割裂。这种观点较新，有待于进一步研究。第六种观点是"自伤说"或者"作者寄托说"。持这种观点的学者认为，白居易写作此诗的目的主要是借李、杨二人的爱情故事，来写一己之情，其理论根据是在贞元末年，白居易在徐州曾与一位名叫湘灵的少女相恋相爱，后因封建礼教所限制而忍痛分手，但这一段短暂而又刻骨铭心的恋情在白居易的心中占据了十分重要的位置，久久难以忘怀，并且在此期间，作者创作了大量思念湘灵的诗作，尤其是《冬至夜怀湘灵》更可看作是《长恨歌》的先声，而《长恨歌》中对李、杨二人忠贞专一爱情的描写与歌颂实则寄托着作者自己的长恨。

本文笔者，比较倾向于第六种观点"作者寄托说"，并根据弗洛伊德的精神分析法，从白居易创作的心理动因论证这一一观点的可靠性。

精神分析认为，人的意识活动在其全部精神活动中不过是极小的一部分，就像大海里的冰山，浮出水面的部分能被人看到，但却是整个冰山的一小部分，藏在水面以下的是冰山的大部分，在人的全部精神活动中占主导地位。弗洛伊德所提出的这种"无意识"主要是指隐藏于人们内心的被压抑或被遗忘的精神状态，它包括我们心理活动中的欲望、野心、恐惧、情欲和非理性的东西等。这种无意识的东西往往在梦中最为活跃。精神分析认为，文学艺术是无意识地贮藏所，这种无意识的力量是人类行为背后的内在动力，它们直接或间接地作用于人们的行动。对于作家来讲，他为什么要创作？创作的动机又是什么？弗洛伊德认为，作家的创作活动与幻想是一致的。作家不是事事如意的乐天派，他的无意识领域充满了神种受到压抑的欲望，这些欲望构成了强烈的冲动，他渴望获得荣誉、权力、财富、名望和爱情，但他缺少满足这些欲望的手段。于是他会把未满足的欲望兴趣转移到幻想之中，并在创作活动中通过作品的宣泄，得到一种替代性的满足。文学创作可以认为是欲望的表现，作家通过艺术创作的形式使本能的欲望经过改装得到满足和升华。这就是"艺术"即"白日梦"的理论。精神分析方法特别注重对作家的各种资料的搜集和分析，其中包括有关的传记资料，特别是作家童年生活的记载。通过分析和整理这些资料，能够分析和把握作家的各种癖性，他内心的痛苦和冲突，尤其是他性欲上的压抑。作家内心深处的冲突尤其是童年生活中性爱冲动的幻想和挫折构成了作家从事文学创作的根本原因和动力。根据精神分析理论，笔者认为，白居易创作《长恨歌》的动机和目的，应该是长期以来内在的无意识冲动的结果，是作家因与自己所爱女子而又不能结合而产生的深挚恋情和憾恨之情的投射。由于白居易在早年生活中曾与同乡少女湘灵有过短暂而又刻骨铭心的相恋相爱，后因封建礼教因素，而与湘灵忍痛分手，在时过境迁的后来岁月里，白居易并未淡忘此段真情，相反愈来愈浓，这有他的《寄湘灵》《寒闺夜》《生离别》《潜别离》《感情》及《冬至夜怀湘灵》等大量诗作为证。尽管后来白居易有了自己的妻室家庭，但由于社会道德礼教等因素的约束,他与湘灵的这段情感就只能沉入潜意识之中,这对天下有情人终将成不了眷属。这对于白居易来讲,在内心深处,充满了种种压抑、痛苦乃至欲望,且有时这种欲望构成了强烈的冲动。眼看在现实的社会里解决不了自己的情感矛盾和痛苦,白居易就把自己的注意力转移到幻想之中,通过文学作品,借助李、杨爱情故事,宣泄长期积压在内心深处而又不便于表达的情感,以得到一种替代性的满足。笔者认为,李、杨题材的悲剧故事,给了白居易表达与湘灵爱情的绝好时机,因而在李、杨忠贞专一的爱情中,我们仿佛看到了白居易和湘灵的影子,一曲旷世的《长恨歌》,简直可以认为是一曲"湘灵歌",真可谓长歌当哭为湘灵。所以,从精神分析的视角来看,对《长恨歌》主题的解读,不能简单停留在文学和事件的表层,而应该上升到作家心理层次去探求其创作的动因及表现的主题。正如但丁怕人误读他的作品《神曲》所说的那样:"这部作品的意义并不简单""可以说它具有多种意义"。他还说:"我们通过文字得到的是一种意义,而通过文字所表示的事物本身所得到的是另一种意义。头一种意义可以叫做字面的意义,而第二种意义则可称为譬喻地或者神秘的意义"。而但丁更加看重的是神秘的意义。据此,笔者也认为,对《长恨歌》主题的把握绝不能只停留在政治层面或文本语言层面上去理解,而应该上升到作者的潜意识深处挖掘。从《长恨歌》的结尾来看,已在仙境中的杨玉环已不可能再与李隆基相聚。尽管李隆基派道士到处寻找杨玉环的亡灵,即使是找到了,分别身处阴、阳两重世界的李、杨二人,也将永无相聚之日,更无再成眷属之时,其结局只能是长恨绵绵。这恰好打破了中国古典文学悲剧故事圆满结局的理论范式,透过这一结局,我们仿佛窥见到了白居易对湘灵的思念与隐恨,从而达到了借他人酒杯以自浇块垒的目的。再从全篇的环境描写来看,整首诗笼罩在清淡、阴柔、凄伤等带有女性特征的环境中,就连对唐玄宗的描写,也大量运用多愁、垂泪、难眠、朝朝暮暮、伤心、踌躇等女性性格特征较浓的词语,即使是对杨玉环外貌的描写,作者也运用了一些像丽质、回眸百媚、六官粉黛、春寒赐浴、温泉凝脂、娇无力等性感十足的词语,这些都可说明白居易把自己的恋女情结投射到了《长恨歌》文本中,而读者在阅读的时候,从中得到了满足和享受。正如弗洛伊德所言:"美的享受,产生于一种非常迷人的感觉。""不可否认,它是来自性欲的……美与吸收首先是性欲对象的特征。"性本能是人格中最为活跃的成分,它是文学创作和欣赏的原动力所在。只有满足了这种欲望,才能在欣赏者的心灵深处引发出巨大的快感,作品的意义由此得以传达,这就是弗洛伊德的"分享说"。

综上所述,《长恨歌》巨大的魅力和深远的影响,可能更多地来源于作家的欲望通过李、杨题材得以实现和满足,"作者寄托说"得以成立。

第六章 语文教育的发展趋势

进入 21 世纪，随着教育改革的不断深入，出现了各种不同的教育思想和理念，对教育领域的发展趋势产生很大的影响。透视世界各国的课程标准及课程理念，我们发现国外语文课程有朝着加强德育、重视工具和人文属性、重视终身学习和学生个性的张扬、重视学生对新技术的掌握能力和创新思维能力的培养，以及评价客观、多元化发展的明显趋势。与此同时，我国的语文教育在坚持民族化的同时更加重视与时俱进，与国际的接轨，呈现出语文教育的素质化、个性化、生活化、科学化、信息化和国际化的发展趋势。

第一节　国外语文课程的发展趋势

联合国教科文组织编写的《学会生存》一书，指出传统的局限于学校的学历教育已经远远不能满足人们在知识经济时代和学习型社会的需要，活到老，学到老的终身教育理念颇受各国的欢迎和重视。"他必须有能力在自己一生中抓住和利用各种机会，去更新、深化和进一步充实最初获得的知识，使自己适应不断变革的世界。"

由此可见，21 世纪不仅需要拥有丰富知识的人才，更需要具有持续性学习的人，能够适应时代发展变化的人，尤其是具有创造、创新能力的人。从 20 世纪 90 年代至今，世界各国对创新型人才的培养都给予了更多地关注，不遗余力地进行了基础教育改革，革新了传统的教育内容和教育方式，大大促进了教育的发展。其中语文教学改革，也收到一定的成效。纵观各国的语文教学改革，主要呈现出如下共同的发展趋势。

一、重视语文课程的工具性、人文性和德育价值

许多国家的语文课程都十分重视语文自身的工具价值，注重语言文字在现实中的运用，强调"在任何领域的学习中，语言都是重要工具"。美国的语文课程强调对学生的人文精神和自由精神的培养，注重在学习中形成正确的国家观念，培养正直、勇敢、有责任心、

有良知的公民。但思想情感、社会道德的教育都离不开对语文基本知识的学习，没有语言这个工具作基础，一切都是空谈。例如，美国纽约州制定的语文课程目标指出，语言的学习不只是让学生学会社会交流和对所学知识的批判性分析和评价，而且也是为了培养学生对文学反应、表达、理解和获得信息的能力。这一规定充分地体现出了语文课程的工具性。芬兰的母语课程强调，语言是获取和传播信息的工具。母语教学要使"学生个人成长和对芬兰的认同感得到加强"。a 加拿大的语文学习也十分重视这门课程的工具属性，重视对学生语文能力的培养。在看待语言和学习的关系时，为了达到学习目的可以训练听、说、读、写以及观察、思考等各个方面的能力，显然，语言技巧的锻炼是为学习其他内容服务的。对于写作部分的要求，不仅让学生学会组织思想、组织文字，还要培养学生搜集资料、整理资料、分析资料，形成思想的能力。以上这些方面充分体现出各国语文课程的工具属性和价值。

文学教育一向是语文学习的重要方面，通过对文学作品的阅读、欣赏和鉴赏，可以陶冶学生的性情，提升他们的阅读素养。对本国文学作品的学习，可以加深学生对本国文化的认识和了解，增强他们的责任心和国家意识。所以，英国、美国、日本、法国等国家在选择文学作品时，首先考虑的是本国的文学名著。例如，英国的课程标准提出，让第一、第二阶段的学生多接触儿童的文学作品，以培养他们的想象力，增加对文学的兴趣，引导他们逐步走向更深层次的阅读。第三、第四阶段则详细列出了文学作品阅读清单，包括莎士比亚等诸多名家经典作品。美国也十分强调学生对本国文学作品的阅读，收入教材的有马克·吐温、杰克·伦敦等文学大家的作品。当然，不少国家也十分注重吸收其他国家的经典文学名著，加深学生对世界各民族文化的了解，提高他们对文学作品的审美和鉴赏能力。思想道德教育的载体是各门不同的学科，语文课程尤其重要，许多国家在语文教学中，也十分重视培养学生良好的道德素质。加拿大安大略省的英语课程标准强调，通过学习让学生掌握必要的学习技能和生活技巧，能够适应生活节奏的变化，在未来的经济、社会竞争中保持独立和特有的优势，培养有国家荣誉感和责任感的公民，让人们生活的正直、安居乐业。法国的课程标准指出，通过对文学作品的阅读欣赏和语文知识的学习，培养学生的独立性、自觉性和责任意识。日本的教学大纲也关注学生良好思想道德的养成，指出培养学生适应时代变化的能力，在未来的国际竞争中保持独立性和自强不息的态度。在各国不同的教育标准、教育大纲中都体现出道德教育的内容。

二、尊重学生的认知规律和个体差异，注意张扬学生的个性

随着教育学和心理学等学科研究领域的不断扩大，研究取向的不断深入，各国课程设置更加趋于科学化、人性化，注重让学生在乐趣中学习，发挥他们的学习主动性和自觉性。在各国颁布的语文教学大纲或者课程标准中也有突出体现。美国密苏里州的《语言教育课程草案》规定了九项指导原则，指出语言学习是个人化的，语言学习是一个主动的过程，让学生在一个轻松愉快的环境中学习。这样，学生的学习效率才能得到提高。学生的身心发展是有规律的，课程标准的制定都体现出了这一点，如德国巴符州的《完全中学德语教

学大纲》，针对学生身心发展的顺序性、阶段性、互补性、差异性，对教材的编写和教学方法的选择给出了合理的规定。再如，芬兰的高中教育目标中指出，要培养学生的独立意识和自觉性，增强学生的责任感和国家意识。这其中就非常重视学生个性的激发和培养。另外，各国在制定语文课程标准时都非常重视学生的最近发展区，即学生现有发展水平和将要达到的发展水平之间的差距，通过合适的教学策略，力争更加符合不同阶段学生的不同学习需要。这些都体现出对学生个体差异性的重视。

在听、说、读、写、思等基本能力的培养方面，各国也做出了不同的规定，但都表现出尊重学生的个体意识，注重挖掘学生个人潜能的特点。比如，美国加利福尼亚州的课程标准指出，要培养学生阅读和思考的能力，让他们学会诚恳而有辨识的听说。美国内华达州的课程目标，旨在通过语文学习培养学生的交际、听说和演讲能力。英国的课程标准，鼓励学生通过对文学作品的阅读，培养学生的想象力和创造力，并能够对作品提出独到的见解，运用富有个性的方式表达出来。这些规定都充分体现对各国学生个性的张扬和重视。

三、重视培养学生的多媒体使用能力和探究创造能力

信息技术的发展，为人们的生活带来很大的便捷，网络在教学活动中的运用已成为不可逆转的趋势。让学生了解和掌握多媒体技术，将对他们的学习产生很大的帮助，这也是语文教育的重要内容之一。法国在信息技术教育的普及过程中，曾经对于不同年龄、不同阶段的学生提出了一个为期三年的多媒体发展计划及相应的多媒体技术掌握要求。比如，小学阶段，学生要熟悉网络技术的基本用途，并掌握有关网络的基本知识。而到了大学阶段，学生则要学会运用网络进行正常的沟通与交流，在生活中运用网络解决实际问题，并学会建立自己的个人网站。美国政府很早就注意到网络技术在教学中的潜在价值，在政策与资金上给予了很大的支持。很显然，目前，美国的多媒体技术已经在大、中、小学中普及，他们对于学生掌握和了解网络技术也提出了不同层次的要求。澳大利亚政府将网络技术在教学中的应用置于十分重要的地位，认为这是现代教育发展的一面旗帜。

网络时代，知识传播的速度越来越大，传播的广度也越来越宽，人们获取信息的渠道更加多样化，面对纷繁复杂的知识体系，这就需要拥有甄别、选择对自己有价值知识的能力。另外，网络系统中的知识，良莠不齐，掺杂着许多带有负面影响的知识，就要求学生要具备批判性思考能力，去粗取精，去伪存真。许多国家的语文课程非常注重对学生的探究和批判能力的培养。例如，法国高中语文课程就很注重学生个性的张扬，培养学生的思维敏感性和超凡的想象力，对于科普论文、法制文件等一些非文学的作品，只要能锻炼学生的思维和逻辑能力，就会积极地纳入教材。韩国的最新国语教学目标指出，在语文教学活动中培养学生对祖国文化的认知度、认同感，并以之为豪，增强热爱祖国文化的情感，同时，面对多样的知识体系能够以自己的判断标准寻找有价值的信息，能够创造性地表达自己的思想和情绪。探究性学习在培养学生的合作意识、创新意识和实践能力方面有着独特的优势。许多国家都很重视信息技术背景下的探究性学习活动的开展。例如，美国各州的语文课程标准，都指出了研究性学习目标的要求，小学至初中的学生注重培养他们搜集资料、

分析有用信息的能力，到了高中阶段，重视学生研究方法的学习，锻炼学生针对不同的研究问题使用适当的研究方法，并让学生掌握必要的信息技术知识，在研究中使用创造性与批判性的研究策略。美国加州对不同年级、不同阶段的学生指出了不同的信息技术学习要求，如3年级就有研究技术子项，要求理解各种参考材料的组织与结构；7年级要求学生有一定的判断能力，能够提出有创造性的问题，并能根据问题发表自己的观点和看法。

四、采用多元化课程评价模式，增强评价标准的客观性

课程评价既是对学生学业成绩的一种测量，也是对学习结果的一种总结。随着教育学、教育心理学和教育实验的不断发展深化、普及，特别是对学生智力成分的分析和研究，对教育评价的方式产生极大的影响。例如，加德纳的多元智力理论，认为根据人的发展潜能不同，可以划分为语言（Verbal/Linguistic）、数理逻辑（Logical/Mathematical）、空间（Visual/Spatial）、身体—运动（Bodily/Kinesthetic）、音乐（Musical/Rhythmic）、人际（Inter-personal/Social）、内省（Intra-personal/Introspective）、自然探索（Naturalist，加德纳在1995年补充）、存在（Existentialist Intelligence）九大智能模式，学生在某个或几个方面表现平常，但在其他方面却有可能是优秀的，传统的智力测量难以真实地测出学生的智力水平，所以我们要从多个方面去评价学生，形成多样化的人才观。目前，许多国家的课程评价都发生很大的变化，表现出评价方式和评价主体的多样化，评价结果更加富有客观性、人性化。

在课程评价中，考试是不可或缺的重要一项，尽管人们对考试的看法不一，有的人认为考试过于死板，不灵活、不全面，不能够真实地检测出一个人的真正能力；还有人认为考试只不过是甄别、筛选的工具，但实践证明，它的存在的确有一定的价值。各国的语文课程改革都把考试作为值得重视的一个方面。

英国的语文考试形成了一个严密有序高效的评价制度，主要采用平时作业和考试成绩相结合的方式，试卷形式多样、层次分明，注重考查学生听、说、读、写的能力。英国国家考试标准规定"课程作业在考试总分数中至少应占百分之二十。考试组应制定专门评价课程作业的大纲"。期中或期末的考试成绩只是作为总成绩中的一个考查项目，还要参考学生平时的作业完成情况。教师布置的日常作业形式多样、灵活多变，可以锻炼学生的不同学习能力。比如，口头作业有通过对一篇新闻报道的了解，能够做出适当的评价，并给出合理的意见和见解；在生活中认真的观察与体验，能够将自己的生活经验和教师或者同学进行愉快地交流和分享；通过认真的准备，能够自然大方地在讲台上做演讲等。书面作业也十分丰富多彩，富有启发性，能够引导学生深入思考，除了课堂上学习的基本知识的考查外，还要求学生掌握一定的网络技术，譬如和同学、老师互发文件，进行正常的网上交流；老师给出研究性课题，学生课下搜集资料，写成调查报告等。考试试卷的题目形式多样，难易结合，具有层次感。在考试试卷中，普通水平的最高层次是C，如果学生想要拿到更高的学习成绩，就需要加试附加试卷和附加试题。这种分层次的考查方式，能够测出学生的不同学习水平，并给学生真实的反馈，让学生认清自己的学习现状，以便及时弥补学习中的不足，并在日后的学习中把握明确的目的和方向。试卷中的题目具有开放性，

更加贴近生活，切合学生实际。比如让学生观看一个新闻事件，学生要根据自己的经验和判断给出恰当的评价，或者是让学生针对一种生活用品做一个市场调查，并以一个市场调查员的身份写出调查报告，包括市场现状、存在的问题以及如何解决问题、预测发展前景等。这种方式能够锻炼学生分析问题、解决问题的能力，而且和生活联系紧密，学生兴趣浓厚。在英国，有一种被称为"课桌上的研究"的语文考查方法，注重理论和实践之间的联系，旨在培养学生搜集资料、分析资料、运用资料的能力。具体做法是在考前 48 小时将材料发给学生，给出具有启发性的问题，让学生有目的性地去搜集资料、分析资料，第二天将自己思考的结果写在答卷上。在英国的考评中，教师对学生评价非常重要，因为教师跟学生接触最多，最有评价的优势和权力。

美国高中和大学的考试形式多样，各种考试相互结合，注重学生的实际运用能力的考查。中学一般分为六年，其中前两年为初中，后四年为高中。学校一般允许学生在毕业前向自己理想的大学提出申请，由于第四年的学习成绩还未评估出来，所以大学很看重高中前三年的学习成绩。然而，高中的最后一年学生也不可轻而视之，很多大学规定，即使学生已经被录取，但如果后来提供的高中四年级成绩不太优异，学校有权要求学生对此做出令人信服的解释，如若不能，该学生有可能被取消入学资格。另外，大学录取还要考查学生的思维创造能力、实践能力、交际能力，考试成绩只是其中的一项，如果考试成绩突出，而其他方面较差，该学生依然不能够被名牌大学录取。美国大学入学考试，又叫 ACT（American College Test）考试，是由美国大学入学考试公司主持的。其中的一些测试与我国的语文考试内容有相似之处，比如语言分测验和阅读分测验。测验分成 I 语言、II 数学、III 阅读、IV 科学推理四个分测验。其中 ACT 语言分测验分成"应用方法"、"修辞技能"两部分。其中"应用方法"又分为（1）标点符号；（2）语法运用；（3）句子结构三个测量项目；"修辞技能"则分为（1）策略；（2）组织；（3）风格三个试题项目。所有这些考查项目都配置在五篇散文体短文之中。

德国的语文考试不只是关注学生对基本知识的掌握和运用，而且还注重对学生的思想道德情感方面的文学作品的考查。值得一提的是，德国在语文考试中更加关注人的生存和发展，尊重生命的价值。比如，德国某年中考卷中有这样一道阅读试题：1. 分析《面包》这篇小说，写一个引言，总结出故事的梗概。2. 沃尔夫冈·博彻特是如何运用语言来描述情节的？3. 讲讲你从这篇小说中看到的第二次世界大战后德国人民的生活情况。从中可以看出，德国语文教育对人类命运的关注，培养学生的人文关怀情感。加德纳多元智力理论指出，人的智力是多元的，评价学生也要多元化。从各国的语文教育评价中可以看出，单纯的考试制度不能够完全检测出学生的真实水平，只有多种考查形式相结合，注重学生的实践能力和思维创造能力的考查，才能促使考试制度进一步的完善。

第二节　我国语文教育的发展趋势

在未来的国际社会竞争中，将是技术和人才的竞争，而教育是二者繁荣和发展的重要平台，所以 21 世纪谁掌握了教育谁就把握了竞争和发展的主动权。在各国教育改革的浪潮之中，我国基础教育课程改革也逐步推进，旨在转变传统的教育观念，全面提升教育教学效率，促进学生健康而富有个性的发展。新课程改革提出很多新的教育理念，如生本教育、生命教育、慕课、翻转课堂等，这些理念在实践中不断接受检验，并发挥应有的作用。其中，语文教学改革也取得了很大的成绩，根据多年来我国语文教育的改革现状及世界各国的教育发展动态，笔者认为我国语文教育的发展趋势主要有以下六个方面：

一、语文教育的素质化

素质教育是与应试教育相对应的教育，是培养人的基本品质的教育。较为典型的定义是《中共中央、国务院关于深化教育改革全面推进素质教育的决定》一文件所界定的，文件指出："实施素质教育，就是全面贯彻党的教育方针，以提高国民素质为根本宗旨，以培养学生的创新精神和实践能力为重点，造就'有理想、有道德、有文化、有纪律'的、德智体美等全面发展的社会主义事业建设者和接班人。"在教育实践中，素质教育具有基础性、全体性、全面性、创新性、主体性、可持续性等鲜明的特征。然而，当前，随着社会经济文化多种因素综合作用形成了强大的升学竞争压力，社会、学校和家庭片面追求升学率的倾向仍然相当普遍，致使学校的发展扭曲，学生的学业负担过重，学生的情意和身心发展不健全以及创新精神和实践能力低下等问题的出现。

素质教育与语文教育是什么关系呢？学科教育是实施素质教育的主渠道，语文学科教育，自然是实施素质教育的主要阵地之一。语文教育中包含着素质教育，素质教育存在于语文教育之中。语文学科是一门基础性学科，学好语文，有利于学生学好其他学科为今后的发展奠基；有利于全面提高学生的语文素养，吸收人类进步文化，弘扬中华优秀文化，提高思想道德素质和科学文化素质。吕叔湘指出："学好语文是学好一切的根本。"[a] 可见语文素质教育与学生的全面发展、终身发展关系最为密切。实施语文教育就是提高全民族的基本素质，使人们更好更快地适应时代的变化、社会的发展。换句话说，语文教育就是素质化的语文教育。

在语文教育实施的过程中，要着力提高学生的语文素质。所谓语文素质就是指能以正确认识和熟练运用母语为基础，充分占有以文、史、哲为知识主体的各科知识，从而进行精神判断和精神创新的能力。"我们认为语文素质就是指人的全面素质，语文素质教育指人的物质实在与精神实在的开发，也就是被教育者知、情、意、行的全面开发。"[b] 具体应该包括语言文字素质、心理素质、道德素质、智能素质、创新素质、人文素质、审美素质以及终身学习素质等基本素质。我们知道，教育的根本目的是提高国民素质，多出人才，出好人才。而语文教育则是以提高人的基本素质为发展目标的教育，未来肩负着极其繁重的任务，这就要求我们教师必须树立全新的、以人为本的、素质教育型的语文教育观，改革教学、考试、评价的方法，从而促进学生全面而健康地发展。

二、语文教育的个性

学生是一个个独特的生命个体，具有差异性，教育应该尊重学生的个体差异。在教育改革过程中，重视人的个性发展，就是"要在人的共同性的基础上，充分地把人的差别性显示出来，从而使每一个人都具有高度的自主性、独立性与创造性"。长期以来，我国语文教育过于强调统一性，使用一种固定的程式去适应具有不同特点的学生，这严重扼杀了学生的个性，培养出来的学生多具有相似性，缺乏个体特点。要想培养出气质各异、各具其能的学生，就要实现语文教育的个性化。

语文教育的个性化可以通过以下几种途径来实现。首先，语文课程设置的个性化。随着学科的不断细化和相互交叉、相互影响，封闭性的学科难以取得更深的造诣和价值，多种学科的相互结合，才能找到更广阔的研究领域，取得更高质量的科研成果。语文教育只有从封闭、单一的学科类课程，转变为多种形式相互结合，合理分配，课程设置灵活多样，才能使语文教育更好地走向个性化。其次，语文教学组织形式的个性化。个性化的教学要通过个别化教学形式来实现。个别化，不是要让所有学生都变为优等生，而是使学生在各自原有的基础上获得最大的发展。在学习内容、方式和进度上，都要提倡学生"自由选择"，让不同水平、不同爱好的学生都能发挥自己的特长。多媒体信息技术在语文教育个别化中发挥独有的优势，师生之间完全可以借助网络，讨论问题，交流思想。教学的内容可变得更加图文并茂、生色俱全。每个学生都可以自由的选择，灵活和有效的利用时间，提高学习效率，同时可以充分地发展自己的个人特长。最后，语文教学艺术的个性化。每个名师都有独特的教学风格，在教学思路、教学设计、教学组织、教学形式、教学方法、教学评价以及师生关系等方面都具有独特性。语文教师在形成自己教学风格的基础上，更应当注意师生关系的民主、平等、和谐，注意与学生真诚的对话交流，这样个性化的教学艺术才能实至名归，因为高超的教学艺术是教师个人智慧的体现和个人魅力的完美展现。

三、语文教育的生活化

生活是知识的源泉，知识随着生活的需要而产生。牛顿在生活中发现了万有引力，从而推动了物理学科的极大变革，反过来又对我们的生活产生深刻的影响；瓦特在生活中发明了蒸汽机，从而让人们的出行和运输变得更加方便快捷。语文学科和生活也有着千丝万缕的联系，语言文字在生活中产生，是人们相互沟通、交流的工具，带着人们心灵的烙印。华特·B. 科勒涅斯克说："语文学习的外延与生活的外延相等。"a 因为语文课程和人们的生活联系异常紧密，各种语文知识和常识很多都是在社会生活需要的情况下产生的，语言的出现是为了交流和沟通，文字的出现打破了时空的限制，使人类的灿烂文化得以传承。所以，要在生活实践中学习语文，走语文教育生活化的发展道路。

语文教育的生活化，就是要彻底改变语文的封闭性，加强语文的应用性和实践性。这需要师生的共同努力，将教学与生活相结合，语文教学应立足课堂，同时还应该与其他各科、校园、家庭、社会密切配合，充分调动并利用各种课程资源。语文教学只有与社会生活和学生的生活接轨，教学内容才会更加丰富多变，更好地触动学生的心灵，为教学注入充实的活力。同时，学生在生活中应多观察、多体验，积累丰富的生活经验。这样语文教育的生活化才能落到实处。

四、语文教育的信息化

比尔·盖茨在《未来之路》一书中指出，信息技术的发展有利有弊，它可以带来利益，也可以带来灾难。传统教育理念要在这个过程中接受考验，不断更新和适应现代教学的特点和方式，不同的政治经济形成不同的教育，信息社会要用信息技术来培养人才。奴隶社会和封建社会，受到客观条件的制约，经济发展水平较低，教育方式多为个体性，即便是群体性的规模也没有达到一定的程度，而且受教育者受到阶级的局限，下层人民接受教育的机会较少。近代工业化的生产方式，促使教育规模不断扩大，教育质量得到快速提高。而在信息社会中，信息成为比物质和能源更为重要的资源，这给人们的社会生活各个方面带来巨大的变革，语文教育也受到不同程度的影响。

语文教育作为现代教育的一个重要组成部分，在信息技术的影响下，会变得更加丰富多彩。（1）语文课堂的信息化。教师和学生借助网络技术可以进行随时随地地沟通交流。（2）教学组织形式的信息化。教学组织形式更加丰富多彩，能够根据学生的实际需要灵活选择。（3）语文学习内容的信息化。教师可以根据教材、学生的特点给出具有启发性的问题，指导学生运用信息技术进行搜集资料，锻炼学生的动手、动脑能力，培养其团结合作的意识。（4）语文教学方法的信息化。教师通过多媒体网络及微课和翻转课堂的使用，使教学方法更加灵活多样，更具有适应性。（5）语文教学评价的信息化。与传统的纸质试卷评定方式相比，网络测评更加高效、准确、公平，可将此技术广泛运用到中小学语文学业评价和选拔性考试中，大大提高评价的客观性和效率。

五、语文教育的国际化

随着经济全球化的到来，带动了多层面、全方位的全球化发展趋势，可以肯定，哪一种行业还未与其他同行取得长期性、发展性的沟通和交流，它的发展和繁荣将会受到极大的限制。中国自古以来和外界保持着友好的沟通和交往，不仅促进了本国文化和经济的繁荣，也给其他国家带来可观的利益。其中文化教育的交流事例更是不计其数，比如，鉴真东渡、郑和下西洋、"东学西渐"等，当然也应该指出，由于近代的闭关锁国政策，也给中国的文化教育带来限制和影响。从教育科学的"西学东渐"到中国近代教育科学的形成与发展，中国教育经历了一个曲折、坎坷的旅程，中国传统教育通过对西方教育科学的借鉴和运用，逐步实现的由传统向现代的转变。当代教育也在波折中前进。21世纪，中国正以开放的姿态走向世界，在全球大家庭中有了中国的加入，会变得更加融合、多彩。在国际化交际交流过程中，语文教育发挥着重要作用，将在教育目标、内容、方法、评价等方面逐步适应国际化的要求，按照国际通用规范进行应对性的变革，这也是中国语文教育国际化趋势的必然反映。

当然中国语文教育的国际化，必须立足中国国情，突出中国语文教育的特点，不能脱离中国的实际，不然反而会限制语文教育的发展，带来不利影响。比如，20世纪20年代和80年代，盲目模仿和借鉴西方的科学方法来改造中国传统的语文教育，导致惨败的情形，至今历历在目，发人深省。在与世界各国进行语文教育交流时，我们应当保持清醒的头脑，关注以下几点：一是正确把握国际化与本土化的关系，明确教育发展的定位。只有在坚持中国特色教育的基础上，才能与其他国家进行平等的交流。二是语文教育的国际化也会带来不利的影响，我们应该有意识地抵御其中的风险。要认清全球化进程产生的消极影响，要以批判的眼光重新看待西方的语文教育。三是人才培养模式的改革，培养具有创新精神和创新能力的现代新人。四是借鉴国际先进的评价手段。目前，国际经济合作组织的"国际学生评价"，国际教育成就评价协会的"国际阅读能力发展研究"、美国教育考试服务处的"全国教育进步评估"项目，等评价方式，对中国语文教育评价产生了很大影响。与此同时，中国传统的作文考试制度也变到西方测评界的信赖。五是国际交流日趋频繁。近些年，随着国际汉语热的持续升温，华侨华人华文学校生源日益火爆，孔子学院在全球各国普遍开设，并收到非华裔的外国人的普遍欢迎，因此对世界汉语教师的需求也越来越大，同时，随着国际文化交流的不断深入，外籍教师到中国任教的人次也有增无减。六是语文教育资源的国际共享。随着新媒体技术的快速普及，中外母语教育教学及文化交流方面的学习网站日渐增多，学习内容更加丰富，许多资料可以随意浏览和下载，很大程度上实现了课程资源的国际共享。

参考文献

[1] 刘春辉 . 语文多样化教学方式的实施 [J]. 江西教育 ,2020（36）:38.

[2] 秦峰 . 整合视野下信息技术与语文教学融合的实践 [J]. 试题与研究 ,2020(36):64-65.

[3] 尕周 . 多媒体在语文教学中的整合作用分析 [J]. 作家天地 ,2020（24）:118+120.

[4] 李婷玉 . 慕课在中职语文教学中的应用 [J]. 长江丛刊 ,2020（35）:47-48.

[5] 孙静 . 任务型教学在中职院校语文教学中的应用 [J]. 文学教育（下）,2020(12):96-97.

[6] 车辽元 . 信息技术与语文学科的整合 [J]. 小学科学（教师版）,2020（11）:323.

[7] 杜菊梅 . 信息技术在语文课堂的应用 [J]. 小学科学（教师版）,2020（11）:324.

[8]. 语文建设 建设语文 [J]. 语文建设 ,2020（21）:90.

[9] 李生平 . 优化语文课堂提问教学的措施 [J]. 小学生作文辅导(读写双赢),2020(11):65.

[10] 陈雪凤 . 在语文教学中渗透中华优秀传统文化 [J]. 新智慧 ,2020（30）:15-16.

[11] 王艺璇、李春霞 . 浅谈语文教学中的因材施教原则 [J]. 名作欣赏 ,2020（23）:88-89.

[12] 姜静 . 如何在诗歌教学中使用信息技术 [J]. 语数外学习(高中版中旬),2020(07):24.

[13] 袁建桦 . 职业学校语文学科与专业课融合教学初探 [J]. 职业教育（下旬刊）,2020,19（06）:66-70.

[14] 杨玉 . 基于语文学科核心素养的单元教学设计研究 [D]. 河南职业教育 ,2020.

[15] 全苗苗 . 信息技术在中职诗歌教学中的应用研究 [D]. 湖南师范职业教育 ,2020.

[16] 赵佳 . 高职语文项目教学模式的实践研究 [D]. 洛阳师范学院 ,2020.

[17] 郭玲西 . 微课在初中语文古代诗歌教学中的合理应用研究 [D]. 西南职业教育 ,2020.

[18] 滕秀娟 . 技工学校语文教学应为培养实用型人才服务 [J]. 中国培训 ,2020(01):82-83.

[19] 秦晓丽 . 中职语文教学与专业整合的课堂教学研究 [J]. 才智 ,2019（31）:174.

[20] 马海涛 . 浅谈语文古典诗歌教学中的情感教育 [J]. 高考 ,2019（31）:142.

[21] 徐春晴 . 语文教学激发学生兴趣的策略 [J]. 高考 ,2019（28）:192.

[22] 李雪菲 . 中职学校学前教育专业课程设置研究 [D]. 华中师范职业教育 ,2019.

[23] 王帅锁 . 论中职语文与物流专业教学的契合 [J]. 华夏教师 ,2019（25）:48-49.

[24] 陈玲 . 论技工院校实效性与专业性相结合的语文教学策略 [J]. 牡丹 ,2019（23）:153-

154.

[25] 陈思 . 给语文插上艺体的翅膀——浅谈语文教学中艺体的渗透与融合 [J]. 中学教学参考 ,2019（22）:18–19.

[26] 廖秋苑 . 技工学校学前教育专业语文综合实践活动研究 [D]. 广东技术师范职业教育 ,2019.

[27] 陈治凤 . 中职学校烹饪专业语文课业设计研究 [D]. 广东技术师范职业教育 ,2019.

[28] 肖琪 . 中职导游专业的语文教学研究 [D]. 内蒙古师范职业教育 ,2019.

[29] 张婷婷 . 中职语文教学提升学生职业素养的实践策略研究 [J]. 才智 ,2019（10）:11.

[30] 田叔分 . 中职语文课与专业课衔接融合的策略探索 [J]. 职业 ,2019（09）:111–112.

[31] 韦红立 . 中职语文教学与汽车维修专业相结合的实践探索 [J]. 才智 ,2019（09）:170.

[32] 夏霏 . 浅谈技校语文教学存在的问题及对策 [J]. 发明与创新（职业教育）,2019（01）:41.

[33] 韩德庆 . 技工院校语文教学工具性与人文性的融合 [J]. 华夏教师 ,2018（32）:85–86.

[34] 丁慧敏 . 中职文言文教学现状及策略研究 [D]. 扬州职业教育 ,2018.

[35] 万晓媛 . 中职语文差异教学问题及对策研究 [D]. 河北师范职业教育 ,2018.

[36] 刘波 . 语文的工具性在职业教育中的应用 [J]. 中华少年 ,2018（25）:210.

[37] 张冬梅 . 在语文教学中如何提高幼师学生的文学素养的探究 [J]. 中华少年 ,2018（19）:191.

[38] 罗元萍 . 中职语文教学强化与专业课的深度融合 [J]. 科学咨询（教育科研）,2018（01）:19.

[39] 原黎 . 技工学校语文教学存在的问题与对策 [J]. 课外语文 ,2017（33）:40–41.

[40] 万晓媛 . 谈中职语文教学内容及模式的改革与创新 [J]. 才智 ,2017（29）:119.

[41] 聂超静 . 切实加强中职语文与专业课的深度融合 [J]. 科学咨询（科技·管理）,2017（10）:89–90.

[42] 程诚 . 新形势下高级技工学校语文教学改革研究 [J]. 成才之路 ,2017（19）:48.

[43] 王国权 . 信息化教学在中职语文诗歌教学中的实践探索 [J]. 职业 ,2017（10）:108–109.

[44] 洑小平 . 技工院校语文专业文书写作课改引发的思考 [A]. 中国职工教育和职业培训协会秘书处 . 中国职协 2015 年度优秀科研成果获奖论文集（中册）[C].: 中国职工教育和职业培训协会秘书处 ,2015:4.

[45] 常怀云 . 中专语文教学面临的困难与对策研究 [D]. 鲁东职业教育 ,2015.

[46] 宾英 . 技工语文实用型一体化教学模式的探索 [J]. 新课程（下）,2015（11）:101.

[47] 张珺 . 语文知识教学弱化的原因及对策 [J]. 吉林省教育学院学报（中旬）,2014,30（01）:79–80.

[48] 赵霞 . 中职语文教师的专业素养 [J]. 现代教育 ,2013（08）:44–45.

[49] 王浩 , 陈军科 , 覃春茂 . 职校语文课与专业课结合教学模式探索 [J]. 新西部（理论版）,2013（07）:153+145.

[50] 潘华 . 论艺术院校语文课教学中审美通感的运用 [J]. 大舞台 ,2011（03）:210–211.

[51] 叶小梅 . 职业中专语文教学改革之浅见 [J]. 宁德师专学报（哲学社会科学版）,2010（04）:120–122.

[52] 王金胜 . 浅谈如何激发技校学生学习语文的兴趣 [J]. 吉林教育 ,2010（28）:81.

[53] 葛金平 . 高职语文课程教材与专业结合探析 [J]. 卫生职业教育 ,2010,28（15）:13–14.

[54] 赵欣艳 . 技工学校语文教学方法初探 [J]. 职业 ,2010（03）:40–41.

[55] 宦平 . 技校语文课程与教材问题刍议 [J]. 现代技能开发 ,2002（04）:7–8.

[56] 沈永发 . 既是基础，又要为专业课服务——也谈对技校语文课的看法 [J]. 职业技能培训教学 ,1994（06）:35–36.